Ahmed Ginaidi

Gott – von der Notwendigkeit, an ihn zu glauben

Die Sicht eines aufgeklärten Muslims

Ahmed Ginaidi

Gott – von der Notwendigkeit, an ihn zu glauben

Die Sicht eines aufgeklärten Muslims

Stuttgart 2010

Edition Noëma

Bibliografische Information der Deutschen Nationalbibliothek
Die Deutsche Nationalbibliothek verzeichnet diese Publikation in der Deutschen Nationalbibliografie; detaillierte bibliografische Daten sind im Internet über http://dnb.d-nb.de abrufbar.

Bibliographic information published by the Deutsche Nationalbibliothek
Die Deutsche Nationalbibliothek lists this publication in the Deutsche Nationalbibliografie; detailed bibliographic data are available in the Internet at http://dnb.d-nb.de.

∞

Gedruckt auf alterungsbeständigem, säurefreien Papier
Printed on acid-free paper

ISBN-10: 3-8382-0085-3

ISBN-13: 978-3-8382-0085-9

Edition Noëma

Stuttgart 2010

Printed in Germany

Inhaltsverzeichnis

Meiner deutschen Frau Christa und ihren Eltern gewidmet

Vorwort

Die heutige Situation der Gesellschaft und deren Interesse an Glaubensfragen gibt mir als verständigem Muslim sehr viel zum Nachdenken. Die Kirchenaustritte und das soziale Verhalten vieler Menschen verraten mir, dass man die Materie (Geld) anstatt Gott verehrt. Dass das Bedürfnis zu glauben mit jedem Kind neu geboren wird (dies schreibt der evangelische Theologe Lähnemann), beweisen die heutigen Umsätze von Werken im Bereich der Metaphysik wie „Harry Potter", denn diese Bücher stoßen exakt in den metaphysischen Bereich, der eigentlich vom Glauben erfüllt sein sollte. Laut dem Buch „Katharina heißt jetzt Aischa" von Maria Baumann konvertieren jährlich 200 deutsche Frauen zum Islam, wohlgemerkt ohne dass sie einen Bezug zu einem muslimischen Mann haben.

Diese Erscheinungen verdankt man der kirchlichen Dogmatik, die in ihrer Zeit versucht hat, Gott und Christus in irgendeiner Form verständlich zu machen. Vor allem die Liebe zu Jesus und die Neigung dazu, seinen Wert ins Unendliche wachsen zu lassen, lassen sich auf die innere Struktur der Dogmatik projizieren. Diese Form der göttlichen Liebe hat man so zu strukturieren versucht, dass der einfache Mensch etwas damit anfangen kann bzw. man versuchte, sie für jeden Menschen erfassbarer zu gestalten und das in einer Zeit, in der die naturwissenschaftlichen Erkenntnisse der Menschheit bei weitem nicht so umfassend waren wie heute. Der tiefere Einblick, den der Mensch heutzutage in die Werke Gottes hat, lässt leider die

Kirchengesetze in einem sehr schlechten Licht dastehen, denn man gewinnt eine winzige Vorstellung von der unendlichen Macht Gottes.

Jesus selbst ist für uns Muslime ein Zeichen der Liebe Gottes (koranisch manifestiert), deshalb tut es mir als gebildetem Muslim weh, wenn ich sehe, wie viele Christen seinen Weg verlassen und vor allem die heutige Jugend, die im Prinzip ohne eine religiöse Grundhaltung aufwächst und wie unglücklich sie in Wahrheit ist. Man braucht nur einen Blick auf die statistischen Zahlen von Alkohol- und Drogenabhängigen zu werfen.

Bei einem Krankenhausaufenthalt lag ich in einem Zimmer mit einem pensionierten Lehrer an einer Fortbildungshochschule der Bundeswehr. Ich bin ein Mensch, der gerne lacht, wie das allgemein in Ägypten üblich ist, da ich weiß, dass das Lachen Hemmschwellen zwischen den Menschen abbaut. Im Krankenhaus habe ich mit den Damen in liebenswürdiger Weise geschäkert. Mein Zimmergenosse schaute mich mit größtem Erstaunen an und sagte mir, er verstünde mich überhaupt nicht. Mein Leben sei in Gefahr und ich bin in der Lage, trotzdem zu lachen. Ich machte ihn darauf aufmerksam, dass es nicht mein Leben ist. Gott hat es mir gegeben und er kann es in jeder Zeit wieder nehmen. Diese Behauptung von mir führte bei ihm zu einer geistigen Revolution. Wir führten sehr intensive Diskussionen durch, die für uns beide sehr lehrreich waren. Mein Zimmernachbar vermittelte an der Bundeswehrhochschule Mathematik und Physik. Da er ein guter Katholik ist, hatte sein Weltbild einen riesigen Riss, denn er trennte Religion von Naturwissenschaften ab. Ich machte ihn darauf aufmerksam, dass die physikalischen Gesetze nichts anderes darstellen als den Willen des Schöpfers und gerade diesen Willen umschreibt der

Mensch mathematisch. Mit ihm sprach ich über die Felderproblematik und machte ihm klar, dass der Mensch nur die Kräfte, die innerhalb eines Feldes wirken, berechnen kann. Aber was da wirklich wirkt, weiß man bis heute nicht. Gerade die Physik zeigt dem Menschen andeutungsweise, was Gott alles vermag und der Mensch steht jetzt erst ganz am Anfang dieser Erkenntnisse.

Dieser eine Gott braucht nur zur Sache zu sagen: „Es sei" und es ist. Er hat sich uns Menschen geoffenbart über Abraham, Moses, Jesus und Mohammed. Dieser Tatbestand ist ein Beweis seiner Barmherzigkeit und Liebe und dies hat uns zu genügen, denn mit Hilfe seines größten Geschenkes an uns, den Verstand, müssen wir unsere Nichtigkeit in seinen Werken erkennen. Denn seit wann kann ein Schuh seinen Schuhmacher in irgendeiner Form erfassen? Genau hier liegt die Problematik der Kirchendogmatik und der Menschheit.

Wer von den Angehörigen der drei abrahamischen Religionen meint, er sei der alleinige Besitzer der Wahrheit Gottes, ist leider viel zu naiv, denn seit wann kann die Kreatur die Wahrheit ihres Schöpfers erfassen? Er gab dem Juden, dem Christen und dem Muslim eine winzige Portion seiner Wahrheit, die die Kreatur erfassen kann, mit anderen Worten, ich kann meine islamische Portion an Wahrheit um die christliche und die jüdische Portion erweitern, indem ich mit den beiden geschwisterlich umgehe.

Zur Zeit der Entstehung der ersten Kirchengesetze bestand der ganze Kosmos aus der Erdscheibe und der Himmel hing darüber wie eine Käseglocke. So gesehen stand natürlich der Mensch im Mittelpunkt der Schöpfung. Nach den heutigen Erkenntnissen wird unsere kleine Galaxie, die Milchstraße, aus 400 Milliarden Sonnen gebildet und jede dieser Sonnen hat ihre eigenen Planeten. So gesehen ist unser Globus, auf dem wir existieren, weniger als ein Staubkorn an den Küsten der beiden amerikanischen Kontinente vom Nord- bis fast zum Südpol und das innerhalb einer relativ kleinen Galaxie im Kosmos. Analog dazu haben wir es im Gegensatz zum Makrokosmos mit dem Mikrokosmos, nämlich dem Bereich der Atome und der kleinsten Teilchen bis hin zu den Photonen (Lichtteilchen) zu tun. Im Verstehen dieser Werke stehen wir noch ganz am Anfang seiner Schöpfung. Außerdem gibt es unendliche Dimensionen, unter denen sich der Mensch überhaupt nichts vorstellen kann. Das ist unsere eigene Wahrheit. Jeder Versuch, Gott in irgendeiner Form zu erfassen, wobei hier das Verstehen auch dazu gehört, ist eindeutig zum Scheitern verurteilt. Die Aufgabe des Menschen wäre, zu versuchen, die Weisheit, die in Gottes Werk vorhanden ist, zu erkennen um seine unendliche Größe und Weisheit annähernd zu erahnen. Vor allem sollte der Mensch begreifen, dass er nicht allein dasteht, denn der Allmächtige sieht und weiß alles, bevor es geschieht. Wir dürfen nur mit seiner Liebe und Barmherzigkeit sowie seinen Gaben rechnen, mehr nicht. Glücklich ist die Kreatur, die mit Hilfe seines höchsten Geschenks an die Menschen, den Verstand, und mit dem Herzen an Gott glauben darf.

Die moderne Religionswissenschaft hat das Gebiet des Glaubens mit denselben Methoden zu durchleuchten versucht wie andere Geisteswissenschaften, die der Sittlichkeit, des Rechtes, der Kunst und Philosophie. Die Schwierigkeit dieses Bemühens liegt darin, dass infolge der Differenzierung und Verfeinerung der wissenschaftlichen

Methoden ein einzelner Religionsforscher kaum mehr imstande ist, das gesamte Gebiet der Religionsgeschichte, geschweige denn der Religionswissenschaft überhaupt, zu überblicken. Hierin erkennt man, dass die geistige Freiheit des Menschen durch ihre Vielfalt an Grenzen stößt, die den Menschen daran hindern, Gott in irgendeiner Form zu erfassen.

Mit diesem Buch hoffe ich, den Weg des Menschen zu seinem Schöpfer zu erleichtern!

Der Verfasser

(Dr. Ahmed Ginaidi)

1. Warum hat der Mensch Götter erfunden?

Um auf diese Frage der Menschheit einzugehen, muss man sich in die Psyche eines Kindes hineinversetzen. Für jedes Kind ist es extrem wichtig, einen Vater zu haben, der für die kindliche Sichtweise im zartesten Alter eine Übermacht verkörpert und zur gleichen Zeit den Schutz für das Kind darstellt. Überträgt man dieses Gefühl des Kindes auf das Dasein der Menschheit, so bedarf diese einer ähnlichen Figur, wie das Kind der des Vaters bedarf, dessen Macht unendlich ist, aber mit dessen Hilfe gleichzeitig jeder Mensch rechnen darf. Dieses Gefühl gepaart mit Gegenständen, deren Größe oder Form den Menschen annehmen lassen, dass dieser Gegenstand einen Gott hat oder von einem Gott geschaffen ist, verstärkt im Menschen das Gefühl, an einen Gott oder andere Götter zu glauben, die aufgrund ihrer Übermacht die Rolle der Beschützer gleichzeitig übernehmen. Man denke an die vorabrahamische Zeit, wo jeder Berg einen eigenen Gott oder mehrere Götter für die einzelnen Sippen auf der Sinai-Halbinsel hatte. Für die Nichtjuden und Nichtchristen in der vorislamischen Zeit waren die Steine, die durch Verwitterung eigene brisante Formen hatten, Gottheiten.

So begann die Menschheit in der Zeit vor den abrahamischen Offenbarungen Götter zu erfinden, die diese Rolle erfüllen sollten. Durch den geistigen Reifeprozess des Menschen wandelt sich dieses Bedürfnis in eine andere geistige Struktur um.

Als Autor dieses Buches bin ich davon überzeugt, dass das Bedürfnis, an einen Gott zu glauben, in der Grundstruktur der menschlichen

Psyche vom höchsten Schöpfer der Menschheit eingebettet ist. So waren die Menschen in der Zeit, in der sich Gott dem Menschen nicht geoffenbart hat, in der Erfindung der eigenen Gottheiten auf die eigene Phantasie angewiesen.

Gott wird zu einem Wesen ohne Personcharakter. Das Heilige und Göttliche liegt für den Menschen jenseits der sinnlichen Wahrnehmung; Seine Eigenschaften werden aber nach der Meinung des Menschen sichtbar und hörbar in einer Fülle äußerer Erscheinungen, vorstellbar in einer Menge von Phantasiebildern, erfahrbar in bestimmten seelischen Erlebnissen. Diese Versuche des Menschen sind zum Scheitern verurteilt, da der Schöpfer niemals in irgendeiner Form von der Kreatur erfassbar wird. Die äußere Erscheinungswelt, die innere Vorstellungswelt und die Erlebniswelt der Religion, die sich der Mensch gedacht hat, bilden drei konzentrische Ringe, die alle dem einen Mittelpunkt, der religiösen Gegenstandswelt, d.h. dem Heiligen und Göttlichen, zustreben. Dabei besteht auch eine Korrelation dieser verschiedenen Kreise in ihren einzelnen Abschnitten. Die Intensität und Tiefe der religiösen Erfahrung ist jedoch nicht gleichlaufend mit der Abstoßung der äußeren Erscheinungsformen und inneren Vorstellungen der Religion, also mit einer fortschreitenden Abstraktion; vielmehr ist eine lebendige und innerliche Erfahrung des Göttlichen möglich auch in Verbindung mit einem äußeren Kult und einer anschaulichen religiösen Bildwelt. Diese menschlichen Versuche, das Göttliche zu erfassen, stellen das Endprodukt der menschlichen geistigen Leistung dar. Selbst das geistigste mystische Erlebnis, die Ekstase, wird einerseits von äußeren Praktiken, Zeichen und Bildern angeregt, andererseits kann sie nur in sinnenförmigen Vergleichen aus dem Naturleben wie auch dem menschlichen Liebesleben festgehalten und verständlich gemacht werden. Der absolute Spiritualismus ist in der Religion durchaus anormal. Auch für die Religion gilt der Grundsatz der Erkenntnistheorie: Nichts ist im Geistigen, was nicht vorher im Sinnlichen war. Dieses Sinnliche ist in der Tat der Beweis für das, was Gott seiner Kreatur auf dem Lebensweg mitgegeben hat. Ob die geistige Verarbeitung dessen zur wahren Religion führt oder nicht, das steht auf einem völlig anderen Blatt. Hier spielt die Intention des Menschen eine sehr wichtige Rolle. Das bedeutet, ob aus der Religion eine Ideologie gemacht wird, die die Religionsträger dringend benötigen, um ihr eigenes Image aufzupolieren, oder ob das ehrliche Bemühungen sind, der Wahrheit näher zu kommen. Diese Mechanismen hat es immer bei allen Religionen sowohl bei den nicht geoffenbarten als auch bei den Offenbarungsreligionen gegeben.

Wie hat sich der Mensch das Bedürfnis nach einem Gott und dessen Religion ausgedacht? Es handelt sich bei dieser Fragestellung immer um den gleichen Mechanismus. Das Wesen der Religion, obgleich die religiösen Erlebnisse stets subjektiv gefärbt und beschränkt sind und die Gottesvorstellungen in der Phantasie eine Projektion derselben sind, ist das Produkt des Menschen. Jeder Gott ist der Ausdruck eines religiösen Gefühls. Diese Erlebnisse sind für den Erlebenden selbst keine Illusionen. Die religiösen Vorstellungen zielen auf die letzte und höchste Realität hin. Nach Meinung des Menschen, der sich das alles geistig geschaffen hat, ist dies die Wirklichkeit der Wirklichkeit. Dass die Wirklichkeiten des Menschen sowohl lokal als auch historisch veränderbar sind, weiß man am besten in der neuesten Zeit bzw. heute. Da man außerhalb der historischen und lokalen Geschehnisse der damaligen Zeiten und Lokalitäten steht, kann man die vom Menschen erfundenen Götter und Religionen besser vergleichen und beurteilen. Als Bestätigung für diese Tatbestände soll im nächsten Kapitel auf die ältesten Religionen der Menschheit eingegangen werden.

1.1 Die Notwendigkeit für den Menschen, an einen Gott zu glauben

In der Vorgeschichte ist es schwierig, die Entstehungszeiten für diese Religionen zu erkennen. Natürlich handelt es sich hier auch um „Geschichte", allerdings um Geschichte, die nicht schriftlich aufgezeichnet ist und die ausschließlich aus nichtschriftlichen Denkmälern erschlossen werden muss. Sie steht dann jeweils in Beziehung zu einer nachfolgenden, durch schriftliche Urkunden dokumentierten Geschichte im engeren Sinne, ist also im wesentlichen die Geschichte der schriftlosen Zeit der frühen Kulturvölker. Hier ist man sowohl auf die menschliche Intuition, die eigentlich die Wurzeln eines jeden Menschen bildet, als auch auf den menschlichen Geist und vor allem auf das Sich-versetzen-lassen in die prähistorische Situation der damaligen Menschen, die nicht in den Genuß der Offenbarungsreligionen gekommen sind, angewiesen. Es liegt nahe, anzunehmen, dass die vorgeschichtliche Kultur einschließlich ihrer Religion eine gewisse Verwandtschaft zur Kultur und Religiosität der „Naturvölker" oder „Primitiven" der Neuzeit aufweist, die ja sozusagen noch vor ihrer geschichtlichen Epoche stehen. Für diese Annahme greife ich zur natürlichen Gleichheit aller Menschen bezüglich ihrer menschlichen Rechte, die der Schöpfer uns auf dem Lebensweg mitgegeben hat. Ein Beweis für diese Aussage ist die Gleichheit aller neugeborenen Kinder auf der ganzen Welt, die noch nicht von ihrer Muttersprache oder der umgebenden Kultur beeinflusst worden sind. Diese wissenschaftliche Vorgehensweise ist ein großartiges Hilfsmittel, um die Vorgehensweise der Menschen in prähistorischen Zeiten annähernd zu erfassen. Andererseits können wir nicht mit Sicherheit behaupten, ob und wie diese schriftlosen Völker der Gegenwart eine geschichtliche Schriftkultur von sich aus ohne den Einfluß der sie überlagernden Schriftkulturen im Zusammenhang mit Veränderungen der Religiosität entwickelt hätten. So gesehen bleibt uns nichts anderes übrig als zu der oben beschriebenen Methode zu greifen.

In der prähistorischen Zeit war die wichtigste Aufgabe für die Menschen die Nahrungsbeschaffung. Der Zauber ist eine so wesentliche und lebensnotwendige existenzberührende Übung, dass man ihm wohl religiösen Charakter zusprechen muss. Prähistorische Funde beweisen diese Aussage. Man denke an die Höhlenzeichnungen, die im Zusammenhang mit der Jagd in vielen Höhlen auf der Erde gefunden worden sind. Zahlreiche dieser Zeichnungen lassen den Eindruck entstehen, als ob man es hier mit Zauber oder mit etwas Religiösem zu tun hat. Wichtig dabei ist die Erkenntnis, dass diese praktisch ausgeführten Zeichnungen eine metaphysische Funktion für die Menschen hatten. Die Zahl der Jagd- und Tierszenen ist aus dem Zeitalter der Altsteinzeit, die vor ca. 3 Millionen Jahren angefangen hat und bis ungefähr 8000 v. Ch. dauerte. Man sieht etwa eine Tiergruppe, auf die mit Pfeil und Bogen bewaffnete Jäger schießen, z.B. in der Cueva de los Caballos in der Valtorta-Schlucht (Spanien) und in Frankreich. Dieses Bild sollte eine Beschwörung des realen Jagderfolgs darstellen in der Hoffnung, dass das immer so bleibt. Wer sollte den Erhalt dieser Erfolge gewährleisten? Der Punkt ist, dass diese Zeichnungen die menschlichen Aufgaben darstellen im Rahmen eines Glaubens, der dafür sorgt, dass dieser Erfolg garantiert wird.

Hier muss man von einem oder mehreren Göttern ausgehen, die sich auf bestimmte Lebensbereiche spezialisiert haben. Diese Götter waren in der Seele der damaligen Menschen so tief verwurzelt, dass man sie nicht historisch konkretisieren bzw. darstellen konnte. Nur das, was man sich erhoffte und was für immer bleiben sollte, stellte man in Form von Zeichnungen dar.

BBC News Online, Spiegel online, T-online, BILD etc. berichten heute (6. Juli 2001) Sensationelles: In einer Höhle nahe des französischen Ortes Cussac entdeckte bereits im September 2000 ein Hobbyforscher eine Höhle voll kunstvoller und detaillierter Gravuren. Ihr Alter wird auf 28.000 Jahren geschätzt! Zu sehen sind Menschen, Pferde, Mammuts, Nashörner und Fabelwesen/Ungeheuer. Einige Bilder sind hier zu sehen.

Die Wissenschaftler sind begeistert; nicht nur von der ausgezeichneten Qualität der Zeichnungen und dem guten Zustand, sondern auch Ausmaße der Gravuren verblüffen. So ziert beispielsweise ein vier Meter großes Bison eine Wand, während an anderer Stelle 40 verschiedenen Gravuren auf einem Fels zu bewundern sind.

Neben den beeindruckenden Gravuren fanden die Forscher auch menschliche Überreste in dem Höhlensystem. Untersuchungen der Knochen sollen nur feststellen, ob die menschlichen Knochen aus der Zeit der Gravuren stammen.

Um eine Ansturm von Schaulustigen zu verhindern, hält die französische Regierung den genauen Ort der Höhle geheim.

Mit anderen Worten handelt es sich hier um einen uns auch bei den Naturvölkern wohlbekannten Sympathie- oder Analogiezauber in Form der Bildmagie, der bei diesen Völkern der Neuzeit gern für die Beschaffung und Sicherung von Nahrungsmitteln und Wirtschaftsgütern angewendet wird: also für die Erhaltung des Lebens und des Lebensnotwendigen. Eine Erweiterung dieser religiösen Handlungen, die Zeichnungen, kommt hinzu, es kommen Tänze bzw. Tänzerfiguren in Zeichnungen vor wie die auf dem Hirschhornstab von Teyat (Dordogne), auf dem Gemsentänzer abgebildet sind.

Die rituellen bzw. kultischen Handlungen, die in der Form von Maskierungen, Tänzen und Beschwörungen auftraten, haben auch ihre Spezialisten gehabt. Natürlich steht hinter ihnen die Vorstellung von einer heiligen Macht, deren Art und Funktion in der heutigen Zeit unklar sind. Man könnte annehmen, dass es hier um „heilige Mechanismen“ ging. Die Träger dieser Riten waren die Vorläufer der Priester. Genau hier war diese Spezialisierung nicht nur eine Art Dienst, mit dem man der eigenen Sippe bzw. den eigenen Angehörigen gedient hat, sondern auch ein Mittel um die eigene Persönlichkeit dieser Spezialisten zu untermauern. Die Tierkostümierung, die Geweihe als Kopfschmuck, erinnert lebhaft an das Äußere der arktischen und subarktischen Schamanen in der Neuzeit.

Über Tier- und Opferkult ist folgendes zu sagen: Tiere waren zum Teil Gestalten des Göttlichen. Dies hängt damit zusammen, dass das Essen der Tiere etwas sehr Wichtiges zum Überleben darstellte. Ohne diesen Tatbestand war ein Überleben für das Verständnis des Menschen in dieser Zeit nicht möglich. Dieser elementare Fakt brachte den Menschen geistig auf die Idee, diese wichtige Funktion des Tieres mit seiner elementaren Aufgabe für den Lebensinhalt des Menschen mit Gott in Verbindung zu bringen. Ob das Tier selbst Gott war, ist heute nicht zu beweisen. Aber das Tier hatte eine ungemein sakrale Bedeutung. Dies hing mit dem Überleben des Menschen zusammen. Hunger bedeutete für das menschliche Verständnis dieser Zeit den Tod. Fleisch des Tieres bedeutete Leben, deshalb diese sakrale Bedeutung des Tieres. Das magisch umworbene Tier wurde wahrscheinlich auch rituell zerlegt und gegessen. Vielleicht kam es ferner zur rituellen Schlachtung von lebendig gefangenen Tieren. Damit war der Ansatzpunkt für den Opferkult gegeben. Friedrich Heiler schreibt in seinem Buch „Die Religionen der Menschheit“ folgendes: „In einer der ältesten eiszeitlichen Kultstätten, die wir näher kennen, haben wir anscheinend bereits Spuren des Tieropfers vor uns. Es ist das sogenannte Drachenloch, 2445 m ü. d. M., in der Ostschweiz bei Ragaz, mit seinen reichlichen Depots von sorgfältig gerichteten Höhlenbärenschädeln. Ähnliches gilt von der Petershöhle bei Velden (Mittelfranken). Auch andere Stellen gibt es, wo Bären oder andere Tiere regelrecht beigesetzt wurden, z. B. Pech-Merle bei Cabrerets, Lot (Frankreich) oder, wie in Meiendorf bei Hamburg, durch Belastung mit einem Steinblock sozusagen festgehalten wurden. Es dürfte sich weithin um rituelle Bestattungen nach zeremonieller Schlachtung handeln oder doch um Fixierung eines toten Tieres" (Heiler 1982, 44).

Wo haben die Götter gewohnt? Dass diese Götter eine ungeheuere Macht zu besitzen haben, liegt klar auf der Hand, sonst wären sie ja keine Götter. Donner und Blitz sind ein Ausdruck für ihre Macht. Mit anderen Worten war der Himmel dank dieses Tatbestandes der Wohnort der Götter. Klar gab es böse Gottheiten, die dem Menschen mit Donner und Blitz Angst einjagten und die guten Götter, die für den Lebenserhalt des Menschen sorgten. Hier sind die Götter in Gestalt von Tieren gemeint. Abgesehen vom Himmel als Wohnort für Götter gab es auch die unterirdischen Götter. Je nach geographischer Lage wohnten die unterirdischen Götter in der Nähe von Vulkanen und wenn diese böse waren, spuckte der Berg Feuer und Magma.

Um die seelischen Vorgänge innerhalb des damaligen Individuums, die Gott oder Götter notwendig machten, klar zu schildern, muss ich auf Beispiele eingehen, die zeitlich nicht in Dunkeln liegen und vor allem mehr Informationen beinhalten, die Rückschlüsse auf die seelischen Vorgänge im damaligen Menschen erlauben.

1.2 Die ägyptische Götterwelt

Eine Götterwelt ist einer besonderen Art von Religion eigen und stellt eine bestimmte Kulturstufe in der Entwicklung religiöser Vorstellungen dar. Stammesreligionen kennen normalerweise keine Götterwelt, sondern Ahnengeister und einen Hochgott. Monotheistische, auf die Verehrung eines Gottes gerichtete Religionen, kennen ursprüngliche Götterwelten allenfalls noch als Engelwelt und/oder Dämonenwelt. Dazwischen stehen die Religionen der frühen Hochkulturen, die wir unter dem Begriff „Polytheismus" zusammenfassen. In ihnen wird eine Vielzahl von Göttern nach Namen, Gestalt und Zuständigkeitsbereich bestimmt. Für ägyptische Götter kennzeichnend ist ihre häufige Tier- oder Mischgestalt (Tierkopf und Menschenleib), wodurch sie physiognomisch noch schärfer charakterisiert sind, als wenn sie sich wie die menschengestaltigen griechischen und mesopotamischen Götter nur durch Attribute, Eigenschaften und Kennzeichen unterscheiden würden. Andererseits neigen sie aber dazu, ineinander aufzugehen und zu „Kompositgöttern" wie Amun-Re, Ptah-Sokar-Osiris oder Hathor-Tefnut zu verschmelzen.

Eines der größten Probleme aller Zeiten, auch bis heute noch, ist die Erfassbarkeit dieser Götter. Dies beginnt mit deren Aussehen. „Man stellte die Götter in Menschen- oder in Tiergestalt dar, vielfach auch als eine Verbindung dieser beiden. Solche Darstellung der Gottheiten sollte wohl vor allem deren Anderssein gegenüber den Menschen ausdrücken. So war die Sonne - als Gottheit Re, später Amon-Re genannt - nicht nur eine leuchtende Scheibe am Himmel, sondern ein lebendes Wesen: eine feuerspeiende Schlange oder ein Vogel mit großen Schwingen oder eine Gans oder ein Käfer; auch hatte sie verschiedene Namen, je nachdem, ob die Morgen-, die Mittags- oder die Abendsonne gemeint war. Am Morgen bin ich Chepra, am Mittag bin ich Re, am Abend bin ich Atum.

Die Gestalten der vielen Götter heben sich nicht scharf voneinander ab und ebenso wenig hat jeder Gott eine von den anderen deutlich und klar abgegrenzte Wirkungssphäre. Zahlreiche Charaktereigenschaften sind mehreren Gottheiten gemeinsam, viele haben mehrere Namen - so dass diese bunte und lebendige Götterwelt auf den ersten Blick einen verwirrenden Eindruck macht. Die Ursache solcher Vielfalt und auch Unklarheit dürfte in den historischen Wandlungen zu suchen sein, die diese Göttergestalten im Verlaufe einer mehrtausendjährigen Entwicklung durchmachten.

Die meisten Gottheiten waren ursprünglich Lokalgötter mit sehr beschränktem Wirkungskreis und wurden erst im Laufe der Zeit und im Zuge der Zentralisierung des Reiches - oft aus politischen Rücksichten! - zu großen Göttern des Landes. In alten Zeiten war die Göttervorstellung einfach und wenig entfaltet, bis die Spekulation der Priester einsetzte. Diese philosophierten dann über Wesen und Äußerung der einzelnen Gottheiten, setzten deren mehrere einander gleich und vereinigten sie zu Gruppen. Bevorzugt wurde von ihnen die Aufstellung einer Götterneunheit“ (Jockel 1990, 15).

Diese Göttereigenschaften, die die Priester ihnen verliehen hatten, lassen erkennen, dass die erste Stufe des eigenen Ichs in Form von

Lokalpatriotismus mit hineinkommt. Dass hier ein Streitpunkt mit hineinfließt, liegt klar auf der Hand. Der „Lokalpatriotismus“ zwingt den Pastor zu Beweisen, dass er den besseren Gott hat als den des Nachbargebietes und das ist leider einer der religiösen Mechanismen, die bis heute noch bestehen. Missbraucht der Mensch den Glauben um das eigene Image aufzupolieren, so sind damit automatisch Streitigkeiten bzw. Kriege leider verbunden. Bei diesem Prozeß des Missbrauchs stellt sich der Mensch unbewusst auf die Ebene seines Gottes und damit wird das eigene Ego das wahre Motiv für religiöse Kriege und Unglück.

Diese Götterwelt hat eine bestimmte Struktur; es handelt sich nicht um ein chaotisches Durcheinander verschiedener Gottheiten. In der ägyptischen Religion treten vor allem drei gliedernde Gesichtspunkte hervor: Da ist zunächst die Sprache, die vor allem in Form mythischer Erzählungen die Götter zueinander in Beziehungen der Verwandtschaft und der Handlungs- und Schicksalsverkettung setzt, dann der Kosmos, der das Modell eines Zusammenwirkens vieler verschiedenartiger Mächte vorgibt und als drittes die politische Organisation des Gemeinwesens, die auch den Göttern in ihren Tempeln und Städten irdische Herrschaft zuweist und alle von Menschen ausgeübte Herrschaft als Repräsentation dieser göttlichen Herrschaft auslegt. Politische Gemeinschaft wird auf solche Weise als Kultgemeinschaft realisiert.

Die drei strukturierenden Elemente lassen sich auch als Aspekte göttlichen Wesens verstehen. Ein Gott hat einen Namen, bestimmte Verwandtschaftsbeziehungen und ein mehr oder weniger ausgeprägtes „Ressort“ kosmischer (etwa Re als Sonnengott), vegetativer (Osiris als

Fruchtbarkeitsgott) oder auch kultureller Art (Thoth als Gott der Schrift und Mathematik); er hat (auch) einen Kultort und übt von dort aus eine Art irdischer Herrschaft aus. Der Mensch begegnet den Göttern zum einen in den Mythen, Götternamen, heiligen Formeln und Rezitationen, zum anderen in den kosmischen Phänomenen und drittens in den Tempeln und Kulten.

Die Sprache formt die Götter im Medium des Lauts und des Begriffs: Der ausgesprochene Name hat beschwörende Kraft, der heilige Text, vom bevollmächtigten Priester am rechten Ort und zur richtigen Zeit rezitiert, vergegenwärtigt die Gottheit. Die Götter sprechen selbst und sind ursprünglich aus den Worten des Urgottes hervorgegangen.

Der Mythos bestimmt die Gottheit als handelnde Person. Der Ägypter hat einen „konstellativen" Personbegriff: Was eine Gottheit ist, bestimmt sich aus der Summe und der Art ihrer Beziehungen zu anderen Gottheiten. Als „Person" wird eine Gottheit nur im Rahmen solcher Beziehungen gedacht und der Mythos ist die Entfaltung dieser Beziehungen zu Geschichten. Die am reichsten ausgestaltete Geschichte ist der Mythos von Isis, Osiris und Horus, der im alten Ägypten geradezu den Rang eines Staatsmythos besitzt, weil jeder König die Rolle des Horus spielt. Dieser Mythos lässt sich in vier Akte gliedern, die zugleich vier Konstellationen darstellen: Die Suche der Isis, die Aufzucht des Kindes, der Kampf zwischen Horus und Seth und der Triumph des Horus.

Seth, der Gott der Wildnis und der Gewalt, hat seinen Bruder Osiris erschlagen, der als König über Ägypten herrschte und die Teile des zerstückelten Leichnams über Ägypten verstreut. Isis durchstreift das Land, findet die Glieder, setzt den Leichnam wieder zusammen und vermag mithilfe ihrer Schwester Nephthys durch ihre Klagen und Verklärungen den Tod soweit zu überwinden, dass sie von dem vorübergehend Wiederbelebten ein Kind empfangen kann. Dieser Teil des Geschehens spiegelt die Vorstellungswelt des ägyptischen Totenkults, der der Überwindung des Todes dient. Nun muss Isis aus Furcht vor den Nachstellungen des Seth das Kind, Horus, an einem versteckten Ort inmitten der Deltasümpfe zur Welt bringen und aufziehen. Die Welt von Mutter und Kind wird in diesem Teil des Mythos modelliert. Während der erste Akt zahllosen Sprüchen des Totenkults zugrunde liegt, beziehen sich auf den zweiten Akt die Sprüche des Heilungszaubers. Der Kampf zwischen Horus und Seth versetzt uns in eine völlig andere Welt, denn diese Phase des Geschehens ist der Gründungsmythos des pharaonischen Staates. Möglicherweise spielen hier Erinnerungen an vorgeschichtliche Kämpfe mit. Der Konflikt wird als Rechtsstreit ausgetragen. In einem ersten Urteil erhält Horus Unterägypten und Seth Oberägypten; das endgültige Urteil spricht Horus ganz Ägypten zu und findet Seth mit der Herrschaft über die Wüste ab. Dieser Akt feiert den Sieg des Rechts (verkörpert in Horus) über die Gewalt (personifiziert in Seth), die jedoch nicht eliminiert, sondern dem Recht untergeordnet wird. In diesem Mythos wird Seth nicht verteufelt, sondern als ein großer Gott anerkannt. Der Akt endet mit der „Verbrüderung" der Streitenden. Im letzten Akt des Mythos, dem Triumph des Horus, sind wieder Osiris, Isis und Horus die Hauptgestalten: Isis setzt Horus auf den Thron des Osiris. Auf diese Weise macht Horus das seinem Vater angetane Unrecht wieder gut. War er in der zweiten Phase Harpokrates, Horus das Kind, so heißt er im vierten Akt Harendotes, „Horus, Rächer seines Vaters".

Diese Götterwelt projiziert in Wahrheit die Grundstruktur ihres Schöpfers. Der Schöpfer ist diesem Fall der Mensch mit allen seinen Nachteilen wie Habgier, Herrschsucht bis hin zum Töten.

Jede dieser Konstellationen beleuchtet einen anderen Aspekt der Wirklichkeit: Totenglauben und Jenseitshoffnungen, Krankheit und Heilung, Herrschaft, Gewalt und Gerechtigkeit sowie den Staat als eine göttliche Institution. Wie der Mythos die Götterwelt strukturiert, so modelliert und deutet er die Wirklichkeit.

Götter sind aber auch kosmische Mächte, Ursprünge von Kräften und Ordnungen, die die Wirklichkeit begründen und in Gang halten. Zur Wirklichkeit gehört dabei nicht nur, was wir unter Kosmos verstehen (Luft und Feuer, Zeit und Raum, Himmel und Erde, Sonne, Mond, Sterne, Nil, Fruchtland und Wüste, Winde, Regen und vergleichbare Erscheinungen), sondern es zählen dazu auch Ordnungen wie das Recht und Künste wie Schrift, Mathematik, Mumifizierung, Handwerk, Handel und Schifffahrt - für alle diese Bereiche gibt es Götter, weil sie alle zur Welt gehören, deren Gesamtheit als Erscheinungsform einer Götterwelt verstanden wird.

Der Ägypter stellt sich unter dem Kosmos weniger einen wohl geordneten Raum als ein Drama vor, einen Prozess, an dessen Gelingen alle Götter beteiligt sind. Der Kosmos ist also ein „kollektives“ und „konstellatives“ Projekt, in dessen Mittelpunkt der „Sonnenlauf“ steht. Jede Phase des Sonnenlaufs ist durch besondere Konstellationen charakterisiert: die Geburt der Sonne am Morgen durch die Mutter, die Himmelsgöttin Nut, die Aufzucht der Sonne durch göttliche Ammen (Isis und Nephthys), die Thronbesteigung der Sonne durch die Auffahrt zur Himmelshöhe, die Konfrontation mit dem Feind, dem Wasserdrachen Apophis, am Mittag durch helfende Götter; der Sonnenuntergang gilt als Rückkehr in den Mutterleib, als Modell des richtigen Sterbens, das durch seine Kreisläufigkeit zur Erneuerung des Kosmos führt, die unterweltliche Vereinigung mit Osiris und die Wiedergeburt am Morgen aus dem Urwasser als Wiederholung der Entstehung der Welt. Jede Phase erfordert ihre spezifischen Bemühungen um den Triumph des Lichts zu ermöglichen.

Der dritte Aspekt der ägyptischen Götterwelt ist ihre kultische Repräsentation auf Erden, also das, was die monotheistischen Religionen als Götzendienst verurteilen. Nach ägyptischer Auffassung begegnet der Mensch den Göttern nicht leibhaftig auf Erden, nicht einmal im Märchen. Das unterscheidet die ägyptische grundsätzlich etwa von der griechischen Kultur und vielen anderen. Die Götterwelt ist nur über eine vermittelnde Sphäre der Repräsentation zugänglich. Diese wird hergestellt durch den Staat, das Priestertum, die Tempel, die heiligen Tiere und die Kultbilder.

Nach dem Mythos haben die Götter sich in der Urzeit von den Menschen zurückgezogen in den Himmel, der hoch über die Erde emporgestemmt wurde. Aber in den so entstandenen Freiraum der Trennung hat der Sonnengott die vermittelnden Institutionen der Repräsentation hineingestellt, nämlich Bild, Kult und Königtum.

Im Kult organisiert sich die Götterwelt als eine Herrschaft, die die Götter auf Erden ausüben. So hat jede größere Stadt ihren Herrn oder ihre Herrin. Der Schöpfer „gebar die Götter, schuf die Städte, gründete die Gaue, er setzte die Götter ein auf ihren Kultstätten, er setzte ihre Opfer fest und richtete ihre Heiligtümer ein.“

Das System ist so eindeutig, dass die Griechen die ägyptischen Städte während ihrer Herrschaft über Ägypten nach ihren eigenen Gottheiten benannten, z.B. Heliopolis nach dem griechischen Sonnengott Helios. Die Tempel der Stadtgottheiten bilden siedlungsgeographische Zentren und Bezugspunkte sozialer Zugehörigkeit. Der Ägypter fühlt sich nicht als Bürger eines Landes, sondern als Verehrer einer Stadtgottheit und Mitglied ihrer Festgemeinschaft.

Der Stadtgott repräsentiert die Stadt, die Götterwelt den Staat. Daher ist die Götterwelt wie der Staat hierarchisch geordnet mit einem König an der Spitze, der als Stadtgott der Hauptstadt zugleich der Reichsgott des Landes ist. In der Ramessidenzeit wird diese Institution durch eine Trias, eine Gruppe von drei Göttern besetzt: Amun, Re und Ptah. Der höchste Gott gilt jetzt nicht mehr als Reichsgott, sondern als Weltgott. Er gehört nicht zur Götterwelt; vielmehr gehört die Götterwelt zu ihm als Gesamtheit seiner Namen, Gestalten und Erscheinungsformen. Der Kosmos ist sein Leib. Er umfasst alle anderen Götter. Dieser Gott wird nicht in Bildern repräsentiert; er ist verborgen und allgegenwärtig, Weltgott und Nothelfer zugleich, der „zu dem kommt, der zu ihm ruft“. Über der Idee des Weltgottes wird aber die Vielheit der Götter nicht aufgehoben. In der Ptolemäerzeit repräsentiert das Bild des Ortsgottes nicht nur eine bestimmte Gottheit, sondern diese verweist ihrerseits auf den Weltgott. Der Weltgott hat keinen bestimmten Namen; er wird Amun, Re oder Ptah genannt. In den hermetischen Texten wird seine Namenlosigkeit damit begründet, dass der Einzige keinen Namen hat, weil alle Namen abgrenzen und Gott sich nicht abgrenzen muss (Jan Assmann Bibliographisches Institut & F. A. Brockhaus AG, 2005).

1.3 Ägypten und Babylon: Den Göttern untertan

Ohne Frage ist Religion als die einzige Möglichkeit, mit dem Unverständlichen im Menschen und in seiner Umgebung umzugehen, immer eine der bestimmenden Kräfte in der Geschichte gewesen. Sich dabei wie in Ägypten und Babylonien die waltenden Kräfte als menschenähnliche Götter vorzustellen, mit denen man handeln und rechten kann, ist aber eine ihrer späten Ausprägungen, nachdem man sich jahrtausendelang mit der Beschwörung von Geistern begnügt hatte.

In Ägypten kam es durch die frühe Reichseinigung unter König Narmer (um 2900 v. Chr.) zur Ausbildung einer Götterwelt, in der sich der Gedanke der politischen Zentralherrschaft in Gestalt eines „Reichsgottes" verkörperte. In der Frühzeit (um 3000 bis um 2620 v. Chr.) verehrte man noch den König selbst als Reichsgott, indem man ihn als lebende Verkörperung des Himmelsgottes Horus ansah. Im Alten Reich (um 2620 bis um 2100 v. Chr.) gewann dann der Kult des Sonnen- und Schöpfergottes Re zunehmend an Bedeutung, bis unter König Djedefre gegen Ende der 4. Dynastie Re zum Reichsgott und der König zum „Sohn des Re" erklärt wurde.

Der Gedanke der Zentralherrschaft gliederte sich dadurch in eine götterweltliche und eine irdisch-politische Sphäre auf; Re wurde zum Haupt des ägyptischen Pantheons. Im Mittleren Reich (um 2040 bis um 1650 v. Chr.) stieg der thebanische Stadtgott Amun zum Reichsgott auf und wurde in dieser Rolle als „Amun-Re" mit dem Sonnengott gleichgesetzt. Da aber die Vorrangstellung dieses

Reichsgottes über die anderen Götter immer mehr zunahm, gelangte ein „zentralistischer“ Zug in die ägyptische Götterwelt. Als dann im Neuen Reich (1551 bis 1080 v.Chr.) König Echnaton um 1350 v.Chr. Aton zum einzigen Gott erhob, schlug die vom Sonnengott abhängige Götterwelt in einen reinen Monotheismus um. In der Folgezeit verteilte man die Institution des Reichsgottes auf die Götter der drei Hauptstädte des Landes, Amun von Theben, Re von Heliopolis und Ptah von Memphis, erklärte diese Dreiheit aber als Erscheinungsform eines verborgenen Allgottes; damit wurde eine Denkform gefunden, die Einheit und Vielheit dialektisch vermittelte. In der Spätzeit (712-332 v.Chr.) kamen die lokalen Gottheiten stärker zum Zuge. Jedes religiöse Zentrum entwickelte jetzt seine eigene Theologie. In allen Göttern aber verehrte man den verborgenen Weltgott in spezifischer Form, alle lokalen Theologien waren Variationen eines gemeinsamen Themas. In dieser Zeit erfuhr auch der Tempelgrundriss eine Schematisierung, sodass sich seither die Tempel landesweit viel stärker ähnelten als früher.

„Den Göttern untertan“ diese Formel gewann in Ägypten im Lauf der Zeit an Bedeutung. Schon der Wandel von der Verkörperung des Reichsgottes im König zur Sohnschaft des Königs am Reichsgott bedeutete einen großen Schritt in diese Richtung. Der Gedanke der Sohnschaft umfasste ein weites Spektrum an Aufgaben, die der König den Göttern schuldete: Tempelbau, Ausstattung der Altäre, Versorgung der „Menschen“, Vernichtung der „Feinde“. Mit dem Neuen Reich setzte sich immer stärker eine „Theologie des Willens“ durch, die alles Geschehende wie in Mesopotamien als Ausdruck göttlicher Willensentscheidung verstand. Das Orakel als Technik der göttlichen Willensbefragung wurde nun immer wichtiger, und die

Könige beugten sich immer tiefer unter den Willen Gottes. Schließlich wurde mit der 21. Dynastie (1080-945 v.Chr.) in Theben für einige Jahrhunderte eine theokratische Regierungsform eingeführt. Der Grund dafür ist folgender: Die Übernahme der Regierung in Theben durch den Gottkönig Amun selbst und die Ausübung der Regentschaft durch seine Hohen Priester, die teilweise ebenfalls den Königstitel annahmen, ist eine für diese Zeit charakteristische Erscheinung. In diesem Thebanischen Gottesstaat, der im eigentlichen Sinn eher einer Militärherrschaft gleichkam, finden wir eine Art Theokratie verwirklicht.

Dort regierte der Hohepriester des Amun die zum Gottesstaat erklärte Thebais, das Gebiet um Theben, durch Orakelentscheidung. Nicht nur die Könige, auch die einzelnen Menschen fühlten sich im Zeichen dieser Theologie des Willens den Göttern untertan und ihnen gegenüber für ihre Taten verantwortlich. Krankheiten und Katastrophen wurden als Strafe für begangene Sünden gedeutet, Heilung wurde durch Bekenntnis und Buße gesucht. Der höchste Gott war zugleich Weltgott und Nothelfer; er teilte diese Doppelrolle allen anderen Gottheiten mit, in denen sein umfassendes Wesen in lokaler und funktionaler Brechung gespiegelt wurde. Diese Richtung der „persönlichen Frömmigkeit", die ältere Vorläufer hatte, kennzeichnete die Ramessidenzeit (1305-1080 v.Chr.) und prägte die ägyptische Religion dann auf Dauer.

In Babylonien kam es infolge der städtischen Struktur zu einer anderen Entwicklung. Die notwendige Betonung der lokalen Selbstständigkeit brachte die Institution der Stadtgottheit hervor, unter deren Patronat die jeweilige Stadt stand. Dieser Gottheit wurde ein bestimmtes Symbol zugeordnet, das dann auch die Stadt bezeichnen konnte. Die gleichartige Form der Tempel lässt uns vermuten, dass das Konzept und die Verehrung dieser Gottheiten überall in Babylonien sehr ähnlich gewesen sein müssen. Auch die politische Verwaltung war vermutlich durchgehend die gleiche; es handelte sich bei ihr um eine religiös gebundene Verwaltung, ohne dass etwa die Funktionäre Priester genannt werden müssten.

Unklar sind die Wurzeln dafür, warum diese Stadtgottheiten allmählich auch andere Aspekte übertragen bekamen wie zum Beispiel aus Nanna, dem lokalen Stadtgott von Ur, der Mondgott des ganzen Landes wurde, wie Inanna von Uruk den Doppelaspekt der Liebes- und der kriegerischen Göttin erhielt oder Utu von Larsa zum Sonnengott wurde. Die Texte der Mitte des 3. Jahrtausends zeigen bereits das Ende dieser Entwicklung. In den Götterlisten dieser Zeit begegnen uns die Ergebnisse der Versuche, Strukturen in die Götterwelt Babyloniens zu bringen, die anders als bei den gleichrangigen Stadtgöttern von Unterschieden zwischen den Göttern ausgehen. Offenbar war ein zusätzliches bzw. ergänzendes Konzept zum Konzept der Stadtgötter entstanden, in dem den Göttern nicht nur verschiedene landesweite Aufgaben zugewiesen waren, sondern das auch von einer Einheit ganz Babyloniens ausging. Interessanterweise ging diese Entwicklung derjenigen Phase voraus, in der Babylonien unter der Dynastie von Akkad zum ersten Mal politisch geeint wurde.

Eine Tendenz zur Scheidung zwischen oberen und unteren Gottheiten war jedoch bereits in der Zeit vor der ersten Reichseinigung am Erscheinen „persönlicher“ Schutzgötter sichtbar geworden. Diese Neuerung nahm in der Einführungsszene bildliche

Gestalt an: Ein menschlicher Beter wird durch eine niedere Gottheit, das heißt einen persönlichen Schutzgott, bei einer höheren Gottheit eingeführt, vor die man also nur durch Vermittlung gelangen kann. Die Verknüpfung der Zuweisung von landesweiten Funktionen an einzelne Gottheiten mit der Vorstellung von ganz Babylonien als politischer Einheit zog beim Wechsel vom Stadtstaatensystem zum ersten Zentralstaat also auch den entsprechenden religiösen Komplex nach sich. Wie zuvor das Konzept der Stadtgötter von den Stadtstaaten instrumentalisiert worden war, so bediente sich nun die Dynastie von Akkad des Konzeptes der differenzierten Gottesvorstellungen. Dass die Religion in den Dienst der Politik gestellt wurde, bedeutete jedoch nicht, dass hier etwa Anzeichen einer Verweltlichung zum Vorschein gekommen wären. Hier muss erwähnt werden, dass es zu den ureigenen Eigenschaften einer jeden Religion gehört, zu einer Ideologie umgewandelt zu werden. Das gilt nicht für die alten, vom Menschen erfundenen Religionen, sondern erst recht für die vom wahren Gott geoffenbarten abrahamischen Religionen. Verschiebungen waren nämlich lediglich innerhalb des Systems möglich. Sichtbar wird dies etwa an den Versuchen der späteren Herrscher der 3. Dynastie von Ur, den obersten Reichsgott Enlil von Nippur, den aufrührerische Städte sich zum Wortführer erkoren hatten, dadurch abzuwerten, dass sie die in der Nähe von Ur gelegene Kultstadt Eridu des in der Hierarchie zweithöchsten Gottes Enki ausbauten und diesen dadurch zum höchsten Gott aufzuwerten suchten.

Eine ähnliche politische Indienstnahme wird man auch für die Entwicklung des einstigen Stadtgottes Assur zum Kriegsgott und unerbittlichen Antreiber des assyrischen Expansionismus annehmen können, obwohl gerade die Assyrer mit ihrer Manie, für alles und jedes den Willen der Götter zu befragen und nichts ohne deren Zustimmung zu tun, „den Göttern untertan“ lebten. Dass man sich im gesellschaftlichen Rahmen der Zeit nicht ungestraft über kultische Regeln hinwegsetzen konnte, erfuhr schließlich auch Nabonid, der letzte Herrscher der chaldäischen Dynastie, der offenbar über der Familienanhänglichkeit an den Mondgott Sin seiner Heimatstadt Harran den Kult des Marduk in seiner Residenzstadt Babylon vernachlässigte. Nabonids Ende 539 v. Chr. wird dem Mitwirken der Priesterschaft des Marduk zugeschrieben. (vgl. Hans J. Nissen/Jan Assmann Bibliographisches Institut & F. A. Brockhaus AG, 2005)

1.4 Griechische Götter

1.4.1 Die Quellen

Nachrichten über die griechischen Götter sind in den frühesten uns erhaltenen griechischen Texten überliefert. Die Namen von Zeus, Hera, Poseidon, Hermes, Athena, Artemis, Dionysos, Hephaistos erscheinen bereits auf den Linear-8-Schrifttafeln aus den mykenischen Palästen aus der Zeit der Zerstörung der Paläste um 1200 v.Chr. Es handelt sich hierbei größtenteils um Weihinschriften, die nur die Namen nennen. Die Verehrung dieser Götter in der minoischen und kretischen Kultur war mit den Wanderungsbewegungen der indogermanischen Stämme aus dem kleinasiatischen Raum nach Griechenland gelangt. Dabei traten bereits früh zu den ursprünglichen indogermanischen Gottheiten (gesichert vor allem Zeus) Götter aus dem orientalischen (Aphrodite, Artemis) oder auch thrakischen Raum (Ares). Die eigentliche Ausformung der Welt der griechischen Götter wurde aber durch die Dichter geschaffen: Die vermutlich im 8. Jahrhundert v.Chr. entstandenen homerischen Epen „Ilias“ und „Odyssee“ sowie Hesiods „Theogonie“, zugleich die ältesten Zeugnisse der europäischen Literatur, haben den Mythen die bis in die Gegenwart wirkende Gestalt verliehen. Eine systematische, sachliche Beschreibung der Entstehung der Welt, der Generationen der Götter und ihrer Machtkämpfe liefert Hesiod; Homers Epen setzen die Kenntnis der Namen, Eigenschaften und familiären Zusammenhänge häufig voraus und interpretieren die Welt der Götter und Helden im Sinne der adligen Vorstellungswelt zur Zeit des Dichters. Seine Göttergestalten haben individuelle, sogar satirisch gezeichnete Züge.

Viele der altgriechischen Göttergeschichten sind allerdings aus jüngeren Texten überliefert, vor allem aus den „Homerischen Hymnen"; die 33 Gedichte unterschiedlicher Länge wurden einst Homer zugeschrieben, stammen wahrscheinlich aber von verschiedenen Autoren, die ältesten aus dem 7. Jahrhundert v.Chr. Die Darstellungen einiger Zusammenhänge (z.B. die Herkunft der Aphrodite) weichen bei Homer und Hesiod voneinander ab. Da viele Mythen nicht oder nur fragmentarisch aus archaischer oder klassischer Zeit überliefert sind (vieles ging durch die Zerstörungen der Alexandrinischen Bibliothek verloren), kennen wir sie nur aus Bearbeitungen späterer Zeit, so aus der unter dem Namen des griechischen Gelehrten Apollodorus überlieferten Bibliothek. Von den lateinischen Werken sind die „Metamorphosen" des Ovid die wichtigste Quelle. Hier ist der Mythos endgültig von der Religion getrennt und nur noch literarisches Kunstwerk. Die „Metamorphosen", bis in die Renaissance das meistgelesene Werk der antiken Literatur überhaupt, prägten lange Zeit das Bild der griechischen Götter in der europäischen Kultur, auch die Verwendung der lateinischen Namen geht darauf zurück.

1.4.2 Der Stammbaum der griechischen Götter

Die Götter hatten wohl seit frühester Zeit einen unterschiedlichen Rang. An der Spitze der Hierarchie stand Zeus, wichtig waren auch Athene, Apollon und Poseidon (äußerlich sichtbar auch am Standort der Heiligtümer), andere, wie Hephaistos oder Ares, waren weniger geachtet. Hesiods Epos „Theogonie“, ein Lehrgedicht, beschreibt den Weg des höchsten Gottes an die Macht, beginnend mit dem Anfang der Welt: Aus dem Chaos entstehen Gaia, die Erde, Eros, die Liebe, und Tartaros, der bodenlose Abgrund. Gaia gebiert Uranos, den Himmel, Pontos, das öde Meer, die Gebirge und die Nymphen, das Chaos gebiert die Nacht und das Dunkel (Erebos), beide zeugen den Tag und den Äther. Von Uranos wird Gaia Mutter der Titanen, je sechs Göttinnen und Götter, von denen je vier als Geschwisterpaare die Stammeltern künftiger Götter werden: Okeanos und Tethys, Theia und Hyperion, Phiobe und Koios, Rheia und Kronos. Wie man hier sieht, werden menschliche Strukturen und Verhaltensweisen auf die Götter projiziert. Man vergißt, dass die echten Götter, die die Kreatur namens Mensch gemacht haben sollten, von ihr unerfassbar bleiben. Von daher gesehen kann man diese Gottheiten nicht ernst nehmen und an vielen Stellen der Historie ist das auch wahrnehmbar. Die anderen Namen der griechischen Götter sind Kreios, Iapetos, Themis und Mnemosyne. Gaia gebiert aber auch Ungeheuer, nämlich die Kyklopen und die Hekatoncheiren (die Hundertarmigen). Da Uranos diese nicht aus dem Schoß der Mutter herauslässt, rächt sich Gaia an ihm, indem sie ihren jüngsten Sohn Kronos überredet, den Vater mit einer Sichel zu entmannen. Damit geht die Herrschaft an die nächste Generation über. Ihr wichtigster Gott ist Kronos, seine Gemahlin die Titanin Rheia. Doch Gaia prophezeit ihm, dass eines seiner Kinder ihn stürzen würde, deshalb verschlingt er jedes sofort nach der Geburt. Den jüngsten Sohn jedoch, Zeus, rettet Rheia, indem sie Kronos einen in ein Tuch gehüllten Stein gibt. Zeus wird im Verborgenen auf der Insel Kreta von Nymphen aufgezogen; herangewachsen, zwingt er den Vater, die Geschwister (Hades, Hera, Demeter, Hestia, Poseidon) wieder auszuspeien, bezwingt die Titanen vom Berg Olymp aus in einer Schlacht, die zehn Jahre dauert (Titanomachie), und schleudert sie in den Tartaros. Einzig Okeanos, der Weltstrom, der die Erde umschließt, behält seine Macht. Damit ist Zeus der Herr der Götter, er herrscht über den Himmel und teilt seinen Brüdern die anderen Räume zu: Poseidon das Meer, Hades das Totenreich. Zeus' Gemahlin wird seine Schwester Hera, durch sie wird er Vater des Ares, der Hebe und der Eileithya, zeugt aber mit Göttinnen, Nymphen und Menschenfrauen, denen er sich in vielerlei Gestalt nähert, eine Vielzahl von Kindern, selbst Götter oder große Helden: mit Leto (Tochter der Titanen Koios und Phoibe) die göttlichen Zwillinge Apollon und Artemis, mit Demeter die Göttin Persephone, mit der Nymphe Maia den Gott Hermes, mit der Titanin Themis die Horen (Eunomia, die Gesetzlichkeit, Dike, die Gerechtigkeit, Eirene, den Frieden), mit der Titanin Mnemosyne die Musen, mit der Sterblichen Semele den Gott Dionysos, mit Danaë den Helden Perseus, mit Europa König Minos. Durch Leda wird er Vater der schönen Helena und des Dioskuren Polydeukes, während dessen Zwillingsbruder Kastor Sohn des Tyndareus ist, des sterblichen Gemahls der Leda; ebenso hat der Held Herakles, Sohn des Zeus und der Alkmene, den sterblichen Zwillingsbruder Iphikles, Sohn des Amphitryon (die Liebesabenteuer sind bei Hesiod nur angedeutet). Auch die mächtige Göttin Athene ist eine Tochter des Zeus, doch entsprang sie voll gerüstet seinem Haupt; Hera bringt den Gott Hephaistos nur aus eigener Kraft hervor. Die strahlende Aphrodite aber entsteigt dem

Meer, nachdem die Blutstropfen des entmannten Uranos hineingefallen sind. Als eigentliche olympische Götter gelten Zeus, Hera, Poseidon, Demeter, Apollon, Artemis, Athene, Aphrodite, Hestia, Hephaistos, Ares und Hermes. Nachkommen anderer Titanen haben gleichfalls göttlichen Rang, so sind die Gottheiten der Gestirne Helios, Selene und Eos Kinder des Hyperion und der Theia; die düstere Hekate ist Tochter des Perses und der Astreia. Okeanos und Tethys haben gemeinsam dreitausend Töchter (die Okeaniden, eine davon die Schicksalsgöttin Tyche) und dreitausend Söhne. Prometheus, Herausforderer des Zeus, ist ein Sohn des Titanen Iapetos.

1.4.3 Die menschlichen Götter

Die griechische Religion räumte den Göttern keine Allmachtstellung ein. Wie die Menschen waren sie dem Schicksal unterworfen, das von den Moiren (bei Hesiod einmal Töchter der Nacht, zum anderen des Zeus und der Themis) verkörpert wird. Die Götter müssen sich, wie die Menschen, vor der Hybris hüten, der Selbstüberhebung. Die durch die griechische Literatur tradierten Mythen schreiben vielen Göttern menschliche Eigenschaften zu: Hera ist eifersüchtig auf die zahllosen Geliebten des Zeus, Demeter trauert wie eine menschliche Mutter, als sie ihre Tochter Persephone an den Herrscher der Unterwelt, Hades, verloren hat, Hephaistos stellt seiner Gemahlin Aphrodite und ihrem Liebhaber Ares eine Falle. Vom vielfältigen Eingreifen der Götter in Leben und Handeln der Menschen wird gleichfalls berichtet. Das berühmteste Beispiel ist der Trojanische Krieg, der auf göttlichen Streit zurückgeht. Wie Troer und Griechen stehen sich die Götter feindlich gegenüber und helfen der jeweils von ihnen begünstigten

Partei: Aphrodite, Ares, Apollon und Artemis aufseiten der Troer, Hera, Athene, Poseidon und Hephaistos aufseiten der Griechen. Nur Zeus steht über den Kämpfenden und entscheidet den Krieg nach der Waage des Schicksals. Auf Beleidigungen durch die Menschen, bewusste oder unbewusste, reagieren die Götter mit unnachsichtiger Rache: Poseidon verfolgte Odysseus unbarmherzig auf seinen Irrfahrten durch die Meere, weil der Held einen Sohn des Gottes, den Kyklopen Polyphem, geblendet hatte. Hera ist die unversöhnliche Feindin des Herakles, Sohn der Alkmene und ihres untreuen Gemahls, bis der Held nach seinem Tod in den Olymp aufgenommen wird. Man sollte davon ausgehen, dass diese Götter eine Vorbildfunktion für die Menschen hätten um das Leben der Untertanen vom Menschen besser zu gestalten. Bei dieser Vorgehensweise der Götter untereinander bekommt ein jeder Verbrecher unter den Menschen das Motiv, in seiner Vorgehensweise fortzufahren. Der zurückgewiesene Liebhaber Apollon bestraft die troische Königstochter Kassandra damit, dass ihre Weissagungen keinen Glauben finden. Besonders grausam bestraft wird Tantalos für seine Freveltaten, nicht nur er selbst muss ewige Qualen erleiden, auch auf seine Kinder und Kindeskinder (u.a. Niobe, Atreus, Thyestes, Agamemnon) warten schreckliche Schicksale. Andererseits stehen die menschlichen Nachkommen der Götter unter deren Schutz: Die Meeresgöttin Thetis, Mutter des Achill, macht den Sohn durch ein Bad im Unterweltfluss Styx unverwundbar (nur die Achillesferse, an der sie ihn festhält, ist davon ausgenommen); Perseus, Sohn des Zeus und der Danaë, erhält bei seinen Abenteuern Hilfe durch Athene und Hermes; dem Aineias (römisch Aeneas), einem Sohn der Aphrodite, helfen die Götter bei der Flucht aus dem brennenden Troja.

1.4.4 Die Götter in der griechischen Gesellschaft

In den Stadtstaaten der klassischen griechischen Zeit war die Verehrung der Götter nicht an Dogmen gebunden. Die olympischen Götter verkörperten das Prinzip der Ordnung gegenüber dem Chaos; sich ihnen gleich zu dünken, galt als schwere Verfehlung (Hybris). Mit mannigfaltigen kultischen Handlungen, Opfern, Mysterien (so für Demeter und Dionysos) und Spielen (so für Zeus in Olympia) wurde ihr Wohlwollen erfleht. Obwohl die großen Götter in der gesamten griechischen Einflusssphäre verehrt wurden, hatte jede Stadt, jeder Teil des Landes eine besondere Schutzgottheit: Athene als Namengeberin war die mächtige Schutzherrin Athens und Attikas, Hera die von Argos, Korinth stand unter dem Schutz Poseidons, Delphi und Delos unter dem Apollons. Beinamen verwiesen auf besondere Aspekte des Kults (Apollon ist als Paian der Heiler, als Patrios der Städtegründer, Poseidon ist als Enosichthon der Erderschütterer, Zeus als Horkios der Wächter über die Verträge). Um den Willen eines bestimmten Gottes zu erfahren, befragte man das Orakel, das vermittelt durch Priester und Priesterinnen nach Beachtung genauer Regeln und Opfern Ratschläge oder Auskünfte gab. Der griechische Mythos kennt zahlreiche Beispiele wie ein Orakel- bzw. Seherspruch menschliches Handeln beeinflusste (die zwölf Arbeiten des Herakles, die Opferung der Iphigenie, das Schicksal des Ödipus). Wichtigster Orakelgott war Apollon mit seinem ursprünglich der Themis gehörenden Heiligtum in Delphi, aber auch an anderen Orten (Argos, Didyma u.a.). Wichtige Orakel des Zeus befanden sich in Dodona und Olympia. Wie das Verhalten der Götter menschlich war, so war es auch ihre Gestalt. Die bildende Kunst der Griechen der klassischen Zeit hat uns erhaltene Beispiele hervorgebracht, die Götter als vollendet schöne, Ehrfurcht gebietende Menschen zeigen, deren Faszination sich auch der heutige Betrachter nicht entziehen kann: die „Aphrodite von Melos" (Venus von Milo), den „Apoll vom Belvedere", die „Athena Lemnia", die „Artemis von Versailles", den „Hermes mit dem Dionysosknaben".

1.4.5 Die fremden Götter

Seit archaischer Zeit übernahmen die Griechen die Verehrung von Gottheiten anderer Kulturen, die dabei auch mit heimischen Göttern verbunden und identifiziert wurden. Aus Kleinasien gelangte schon früh der Kult der Kybele über Griechenland in den gesamten Mittelmeerraum. Ihr Wesen war widersprüchlich: Als „Große Mutter" war sie einerseits Schutzherrin der Städte (sie wurde mit Mauerkrone dargestellt), andererseits eine wilde, blutige Göttin, der in orgiastischen Festen gehuldigt wurde. Mit ihr und ihrem Kult verbunden war ihr Geliebter Attis, ein phrygischer Vegetationsgott, der Ähnlichkeit mit dem phönikischen Adonis aufweist. Dass sich Götter verliebt haben, obwohl sie meistens nicht lebende Wesen waren, zeugt von einer menschlichen Phantasie, in der der menschliche Geist absolut frei sich bewegen konnte und alle möglichen und unmöglichen Annahmen machen konnte. Hier ist ein eindeutiger Beweis für die Projektion der menschlichen Eigenschaften wie Liebe auf die von Menschen erfundenen Götter. Was diese Götter in Wahrheit geschaffen haben oder welche konkrete Kraft sie gezeigt haben, damit hat sich kein Mensch beschäftigt. Der junge schöne Gott wurde bei den Griechen zum Geliebten der Aphrodite, begehrt auch von der Unterweltherrin Persephone und durch sein wechselndes Weilen in Unter- und Oberwelt Symbol der sterbenden und wieder erwachenden Natur. Parallel zur schwindenden Bedeutung der Polis seit dem 4. Jahrhundert v.Chr., besonders aber in der Zeit der hellenistischen Kultur, erlangten neben den orientalischen vor allem die ägyptischen Götter große Beliebtheit. An erster Stelle ist hier die schon Herodot bekannte Isis zu nennen, deren Kult mit in Griechenland lebenden Ägyptern dorthin kam. Sie galt als Kulturbringerin und Beherrscherin sowohl des Kosmos als auch des menschlichen Schicksals. Ihr war, in Gleichsetzung mit Demeter, ein Mysterienkult gewidmet. Auch der in der gesamten hellenistischen Welt verehrte Sarapis (Serapis) ist ägyptischer Herkunft (dort ursprünglich als Apis-Osiris der mit dem Unterweltsgott Osiris vereinigte verstorbene Apis-Stier); um die pantheistische Gestalt ranken sich keine Mythenerzählungen.

1.4.6 Das Weiterleben

Nachdem der römische Kaiser Theodosius I. das Christentum zur Staatsreligion erklärt hatte, war im gesamten Römischen (Byzantinischen) Reich, also auch auf griechischem Territorium, seit 391/392 die Verehrung der heidnischen Götter verboten. Dennoch sind ihre Namen, ihre Symbole und ihre Geschichten ein wesentlicher Bestandteil der europäischen Kultur geworden. Schon früh (etwa im 6. Jahrhundert v.Chr.) hatte griechischer Einfluss die Göttervorstellungen der Etrusker und damit später auch der Römer geformt. Die Römer glichen die alten italischen Götter den griechischen an und übernahmen die Mythen unter den lateinischen Namen auch in ihren Staatskult (so die Zurückführung des julischen Geschlechts auf die Ahnherrin Venus/Aphrodite), die Meisterwerke der römischen Literatur schöpften ihre Stoffe daraus (Vergil, Ovid).

So überdauerten die griechischen Götter in der Literatur. Ihre Texte wurden auch bewahrt in den „dunklen Jahrhunderten“, besonders in der blühenden arabischen Kultur, bis am Hofe Karls des Großen das Interesse an der antiken Kultur wieder erwachte und auch nicht christliche Texte durch Abschriften erhalten und weitergegeben wurden (karolingische Renaissance). Mit der Vorherrschaft der lateinischen Sprache im gesamten Mittelalter erhielten auch die klassischen weltlichen Texte einen herausragenden Stellenwert im Bildungssystem. Durch die Lektüre von Vergil und Ovid gelangte die Kenntnis der griechischen Göttergestalten, wenn auch in römischer Interpretation, an Klosterschulen und Universitäten. Auch die homerischen Epen blieben, sei es durch lateinische Übersetzung oder durch die Nacherzählungen der mittelalterlichen „Trojaromane“, immer lebendige Überlieferung. In der mittellateinischen Dichtung begegnen häufig Metaphern und Anspielungen auf antike Götter. Im „Inferno“ von Dantes „Göttlicher Komödie“ sind die Gestalten des antiken Mythos allgegenwärtig. Schließlich brachten Renaissance und Humanismus eine Rückbesinnung auf die antike Kultur, vor allem auf die griechischen Wurzeln. Damit gehörte die Welt der griechischen Götter endgültig zum europäischen Bildungsgut und stellt bis in die Gegenwart ein unerschöpfliches Stoff- und Motivreservoir für Kunst und Literatur dar (vgl. Bibliographisches Institut & F. A. Brockhaus AG, 2005)

1.5 Römische Götter

1.5.1 Die Herkunft

Da die römischen Götter in der europäischen Kultur spätestens seit der Renaissance lange Zeit auch für die griechischen standen, war ihr eigener Charakter verdeckt. Die Identifizierung von Jupiter mit Zeus, Juno mit Hera, Minerva mit Athene usw. geschah aber erst etwa vom 6. bis zum 3. Jahrhundert v.Chr. Über die frühen römischen Götter gibt es wenige direkte Quellen. Im zentralisiert gesteuerten Römischen Reich war die Verehrung der Gottheiten allerdings im Festkalender fixiert, der überliefert ist, z.T. durch Inschriften, deren älteste aus dem 6. Jahrhundert v.Chr. stammen. Die fragmentarisch erhaltenen Kultlieder der Priesterbruderschaften der Salier und der Fratres Arvales geben Hinweise auf frühzeitig verehrte Gottheiten; aus späteren literarischen Werken, z.B. aus Ovids „Fasti", aus Schriften des Gellius und des Plutarch, kann die alte römische Religion gleichfalls erschlossen werden.

1.5.2 Der Charakter der römischen Götter

In der römischen Religion vermischten sich uralte bäuerliche (italische) mit aristokratischen (etruskischen) Vorstellungen, die später von griechischen Einflüssen überformt wurden. Im Gegensatz zu den Griechen gaben die Römer ihren Göttern ursprünglich weder eine menschliche Gestalt noch familiäre Beziehungen; Machtkämpfe, Liebesabenteuer und Ähnliches, wie sie den griechischen Göttern zugeschrieben werden, sind bei den römischen unbekannt, auch ein Schöpfungsmythos existiert nicht. Vielmehr gleichen die Götter der frühen Zeit abstrakten Mächten (Numina), die in ihren häufig eng begrenzten Geltungsbereichen das Handeln der Menschen bestimmten. Dementsprechend groß war ihre Zahl, von vielen sind nur die Namen überliefert. In der bäuerlichen Gesellschaft der frühen Republik waren vor allem die Gottheiten wichtig, die die Fruchtbarkeit der Äcker und Herden gewährten (so Ceres, Tellus, Ops, Flora); die Stadtgemeinde Rom hatte Ortsgötter, die über ihr Schicksal wachten (Quirinus, Vesta). Über die höchsten Götter der Frühzeit ist wenig bekannt. An der Spitze stand aber bereits Jupiter, der von Beginn an als besonderer Schutzherr der Latiner galt. Ihm zur Seite standen Mars und Quirinus. Durch die etruskische Herrschaft wurden diese durch die „Kapitolinische Trias“ Jupiter – Juno - Minerva abgelöst. Die römischen Götter hatten eine Vielzahl von Beinamen, die jeweils speziellen Funktionen gewidmet waren und mit besonderen Festen gefeiert wurden: Jupiter war an erster Stelle Jupiter Optimus Maximus (der Höchste und Größte), aber auch der Unbesiegbare (Jupiter Invictus), der Gott des Blitzes (Jupiter Fulgur), des Donners (Jupiter Tonans) und des Regens (Jupiter Pluvialis); Juno war als Beschützerin der Frauen u.a. Schutzherrin der Hochzeit (Juno Pronuba) und Helferin bei der Geburt (Juno Opigena); Mars war u.a. der Unbesiegbare (Mars Invictus) und der Rächer (Mars Ultor). Neben diesen, in den verschiedenen Gemeinwesen angebeteten Göttern kannten die Römer persönliche Gottheiten und solche der Familie. Jeder Mann hatte seinen „Genius“, die vergöttlichte Zeugungskraft, deren großes Fest der Geburtstag (des Hausherrn) war; für die Fruchtbarkeit der Frau stand ihre „Juno“. Den Schutz des Hauses, vor allem des Herdes, sicherte der Lar familiaris (später zwei Laren). Eine ähnliche Funktion hatten die Penaten, mit dieser Bezeichnung fasste man alle Gottheiten zusammen, die im Inneren des Hauses angebetet wurden. Dem Haus und der Familie Unheil bringende Mächte mussten abgewehrt werden, so die Lemuren, die Todesgeister, die Todesgöttin Libitina und Febris, die Göttin des Fiebers. Die römischen Gottesvorstellungen schlossen eine Vielzahl von Abstraktionen ein. Wünschenswerte Eigenschaften, erstrebenswerte Ziele und Ideale wurden als Personifikationen angebetet. Die älteste Gottheit dieser Art ist wahrscheinlich Fides, die Eidestreue, deren Kult zwar erst seit dem 3 .Jahrhundert v.Chr. nachgewiesen ist, aber der Sage nach auf König Numa Pompilius zurückgeht. Weitere wichtige Gottheiten dieser Art waren Virtus, die Tapferkeit im Krieg, Concordia, die Eintracht, Libertas, die Freiheit, Juventas, die Jugend, Pietas, die Frömmigkeit. In der Kaiserzeit expandierten diese Vergöttlichungen und wurden um Begriffe wie Felicitas (Glückseligkeit) und Justitia (Gerechtigkeit) bereichert. Der Kult dargebracht von Priestern an heiligen Stätten (heilige Haine, Altäre unter freiem Himmel, Tempel) bestand in Opfern (Feldfrüchte, Tiere), die nach genauen Regeln geleistet werden mussten, in Weihgaben, die in den Tempeln hinterlegt und aufbewahrt wurden und im Gebet. Kultbilder gab es kaum. Ziel des Kults war die Herstellung des Friedens mit den Göttern (Pax Deorum). Wichtig war dafür die Erforschung ihres Willens, vor allem durch Beobachtung des Vogelflugs (Auspizien) und durch die (von den Etruskern übernommene) Praktik, die Leber der Opfertiere zu deuten (Leberschau). Im öffentlichen Leben nahmen die den Göttern gewidmeten Feste und Spiele eine beherrschende Rolle ein.

1.5.3 Die Götter der Römer in ihren Unterschieden zu denen der Griechen

Die Kenntnis der antiken Gottheiten gelangte vor allem durch die Vermittlung der Römer in die europäische Kultur. Die Mythen der Griechen wurden von den Römern übernommen, wobei die Namen ausgetauscht wurden. Die Dichter, herausragend Vergil und Ovid, gestalteten sie als Meisterwerke der römischen Literatur, veränderten und ergänzten sie allerdings, indem sie den Ursprung der römischen Geschichte, wie er in den einheimischen Mythen überliefert war, mit einbezogen: Der Troer Aeneas, der schon in der „Ilias" auftaucht und von dessen göttlicher Abstammung (die Mutter ist Aphrodite, der Vater der Göttersprossх Anchises) der „Homerische Hymnus" an Aphrodite berichtet und dessen weiteres Schicksal Gegenstand italischer Sagen war, wurde bereits bei Cato zum Ahnherrn der Latiner und damit der Römer. Vergil schuf schließlich mit der „Aeneis" das römische Nationalepos, das den römischen Machtanspruch durch göttliches Wirken rechtfertigte. Jupiter (Iupitter), oberster Himmelsgott, ist auch sprachlich verwandt mit dem griechischen Zeus, mit dem er später identifiziert wurde. Die Funktionen waren ähnlich: Wie Zeus war Jupiter Gott des Blitzes und des Donners, Herr des Regens, Wächter über Verträge und Eide. Als Schutzgott des Latinerbundes war er von alters her Beschützer der Römer, der ihnen als Jupiter Stator Standhaftigkeit im Kampf verlieh. Zentrum des Jupiterkults für das gesamte Römische Reich war das Kapitol, dessen erster Tempel für Jupiter Optimus Maximus der Sage nach bereits im ersten Jahr der römischen Republik (509 v.Chr.) fertiggestellt wurde. Mars (Mavors), der der älteren Göttertrias angehörte, hat wenig mit dem griechischen Ares gemein. Er war weitaus geachteter als dieser, der erste Monat des römischen Kalenders, der März, war nach ihm benannt. Sein Charakter war nicht nur kriegerisch. Mit den Zügen eines Vegetationsgottes ausgestattet, gab er dem Vieh Gesundheit und schützte die Ernten. Die Priesterbruderschaft der Salier huldigte dem Kriegsgott mit Kriegstänzen vor und nach jedem Feldzug. Sein Symbol waren die Lanzen, die der Feldherr vor jedem Kriegszug schütteln musste. Einen herausragenden Rang nimmt Mars in der Gründungssage Roms als Vater der Zwillinge Romulus und Remus ein. Wichtigste Göttin war schon früh Juno. Funde auf den Hügeln der Stadt Rom (Palatin und Esquilin) deuten auf den uralten Kult einer Geburts- und Fruchtbarkeitsgöttin hin, eine der wichtigsten Funktionen der Juno. Auch als Mondgöttin wurde sie verehrt. Den mittelitalischen Städten galt sie als Stadtherrin: Livius berichtet, dass das Kultbild der Göttin selbst zustimmte, als es von Veii nach Rom gebracht wurde, nachdem die Römer 392 v.Chr. die etruskische Stadt unterworfen hatten. In Rom erhielt sie als Juno Regina einen Tempel auf dem Aventin und gehörte zur Kapitolinischen Trias. Zur Gemahlin des Jupiter wurde sie erst durch die Gleichsetzung mit Hera. Gleichfalls uralt ist der Kult der Diana, auch sie gilt als Beschützerin der Frauen, außerdem wie Artemis, mit der sie frühzeitig identifiziert wurde (wohl unter dem Einfluss des berühmten Heiligtums in Ephesos) Natur- und Fruchtbarkeitsgöttin. Unter ihrem besonderen Schutz standen die Sklaven, die das Fest der Göttin (13. August) feiern durften. Eines der ältesten Heiligtümer befand sich in Arcia in den Albanerbergen. Beliebt vor allem bei den Plebejern war Ceres, der griechischen Ackerbau- und Fruchtbarkeitsgöttin Demeter von Beginn an verwandt. Sie wurde zusammen mit dem altitalischen Gott Liber und seiner Schwester Libera verehrt (später mit Dionysos/Bacchus und Persephone gleichgesetzt). Bereits 493 v.Chr. erhielt diese Trias einen eigenen Tempel in Rom. Plebejisch geprägt war auch der Kult des Merkur, der schon für das Jahr 495 v.Chr. bezeugt ist; in den Funktionen waren sich der griechische Hermes und seine römische Entsprechung sehr ähnlich. Gering sind auch die Unterschiede zwischen Athene und Minerva. Die römische Göttin war vor allem Beschützerin der Handwerker, Künstler und Ärzte, auch Stadtgöttin Roms. Kein italisches Pendant gab es für Apoll, dessen frühe Verehrung (vor allem als Apollo Medicus) das berühmte Kultbild des „Apoll von Veii" (6. Jahrhundert v.Chr.) belegt. Dagegen war Neptun als Gott des fließenden Wassers eine eigenständige Gottheit, die während der sommerlichen Trockenheit um Regen angefleht wurde; die Gleichsetzung mit Poseidon erfolgte erst im 3.Jahrhundert v.Chr., allerdings nahm Neptun nie die finsteren Züge des griechischen „Erderschütterers" an. Der italischen Venus wurde wie der griechischen Aphrodite als Göttin der Liebe gehuldigt. Ihr populärer Kult ist seit dem frühen 3.Jahrhundert v.Chr. nachweisbar. Mit der Eroberung Siziliens und damit auch der griechischen Kolonien auf der Insel durch Rom im 1.Punischen Krieg wurde das uralte Aphrodite-Heiligtum von Eryx römisch und die griechischen Mythen (vor allem die Verbindung Aeneas - Aphrodite) auf Venus übertragen, die nun Beschützerin der Römer wurde. Cäsar erklärte sie sogar zur mythischen Stammmutter seines Geschlechts, für die er als „Venus Genetrix" einen Tempel bauen ließ. Nicht zu vergleichen in ihrer kultischen Bedeutung sind die römische Vesta und die griechische Hestia. Während Letztere vor allem Göttin des häuslichen Herdes war (obwohl ihr heiliges Feuer auch an einer zentralen Stelle jedes Gemeinwesens brannte), nahm die latinische Feuergöttin Vesta in ihrer Funktion als Göttin des römischen Staatsherdes einen herausragenden Platz im gesamten Römischen Reich ein. Das an jedem Neujahrstag neu entfachte ewige Feuer wurde von den

Vestalinnen unterhalten. Diese Priesterinnen wurden im Kindesalter ausgewählt und waren während ihres 30-jährigen Dienstes zur Jungfräulichkeit verpflichtet. Das Feuer des Vesta-Tempels stand für die Ewigkeit Roms, erst Theodosius der Große ließ es mit seinem Verbot des heidnischen Kults 392 löschen. Italischen Ursprungs sind auch Volcanus (Hephaistos), Faunus (Pan), Saturn (Kronos), die drei Parzen (Moiren); die griechischen Mythen wurden mehr oder weniger übernommen und den römischen Gegebenheiten angepasst. Die Unterweltsgöttin Proserpina ist identisch mit der griechischen Persephone (während der mit ihr verbundene Dis Pater die griechischen Götter Hades und Plutos vereint); die blutige Kriegsgöttin Bellona ist verwandt mit der griechischen Enyo, der Begleiterin des Ares; die Reihe ließe sich fortsetzen. Andere spielten in der römischen Religion mit ihrer Verehrung abstrakter Begriffe eine weitaus wichtigere Rolle als in der griechischen, so Justitia (Dike), Victoria (Nike), Fortuna (Tyche). Stark modifiziert ist die Stellung des Herakles: Der populäre griechische Held wird erst nach seinem Tod zum Gott erhoben, der römische Hercules wurde seit dem 4. Jahrhundert v.Chr. als Gott kultisch verehrt; auch sind Mythen überliefert, die sich auf römisches Gebiet beziehen (so der Kampf gegen den Riesen Cacus). Er galt als Beschützer des Handels, später der Soldaten. Eine weitere Gruppe von Göttern hat in der griechischen Religion kein Vorbild. Hier ist zuerst Janus zu nennen. Der doppelgesichtige, häufig auf Münzen abgebildete Gott ist von seinem Ursprung her römisch, die Deutung seines Namens und seine Funktionen sind aber nicht eindeutig geklärt. Gemeinhin wird er als Gott des Anfangs angesehen (im Gebet wurde er als Erster angerufen), auch als Gott der öffentlichen Tore (über die privaten Türen wachte der gleichfalls urrömische Portunus). Möglicherweise stand er vor Jupiter an der Spitze der Götterhierarchie. Sein Name ist mit jenem

Tor zum Forum verknüpft, dessen Türflügel nur geschlossen waren, wenn Frieden im ganzen Römischen Reich herrschte (in historischer Zeit nur nach dem 1.Punischen Krieg und dreimal unter der Herrschaft des Augustus). Sehr geheimnisvoll und kaum zu entschlüsseln ist die Gestalt des Quirinus, mit Jupiter und Mars zur ältesten Göttertrias gehörend. Er wurde später in der Gestalt des Romgründers Romulus verehrt und nur noch der Name des Quirinal erinnert an ihn. Auch die im Kult eng mit Ceres verbundene Tellus (später Terra Mater) hat keine direkte Verbindung zur griechischen Gaia, sie war eine allumfassende Fruchtbarkeitsgöttin. Eine weitere, um Fruchtbarkeit, Reichtum und Überfluss angerufene Göttin römischen Ursprungs war Ops (später allerdings, nun als Gemahlin des Saturn, mit der griechischen Rheia gleichgesetzt), mit ihr gemeinsam wurde Consus verehrt, gleichfalls ohne griechisches Pendant. Der Erntegott hatte einen unterirdischen Altar am Circus Maximus. Für eine gute Ernte standen auch Flora, die Göttin der Obstbaumblüte, und Pomona, die Göttin des Reifens der Früchte.

1.5.4 Der Kaiser als Gott

Den göttlichen Ehren, die den Kaisern erwiesen wurden, ging der Kult der Dea Roma voraus, der zur Göttin erhobenen Stadt Rom, was allerdings nur in den Provinzen praktiziert wurde, besonders in Kleinasien. Daraus und aus dem Kult des kaiserlichen Genius entstand der Kaiserkult. Schon Julius Cäsar wurden mit Statuen im Jupiter- und im Quirinustempel zu Lebzeiten göttliche Ehren zuteil, nachdem er 46 v.Chr. für zehn Jahre zum Diktator ernannt worden war. 29 v.Chr. wurden in Pergamon und Nikomedeia Tempel für die Dea Roma und Augustus errichtet, knapp zwei Jahrzehnte später schlossen sich die westlichen Provinzen diesem Brauch an (hier vor allem als Loyalitätsbekundung). Augustus gestattete die Verehrung seiner Person nur gemeinsam mit der Dea Roma; direkt in Rom war nur der Kult des „Genius Augusti“ üblich. Nach seinem Tod im Jahre 14 wurde er durch die Zeremonie der Apotheose zum Gott erhoben, erhielt den Titel „Divus“ und Priester, die ihm dienten. Unter den Nachfolgern des Augustus erhielten zunächst nur Claudius, Vespasian und Titus die göttlichen Ehren nach dem Tod, für den lebenden Kaiser galt immer noch die Verehrung seines Genius. Nur Nero, Caligula, später Commodus ließen sich, z.T. in grotesken Formen, schon zu Lebzeiten als Gott anbeten. Seit dem Ende des 1. Jahrhunderts v.Chr. wurde die Apotheose jedem Kaiser unabhängig von der Regierungsleistung zuteil, und mit Diokletian wurde der lebende Kaiser einem (bestimmten) Gott gleichgesetzt.

1.5.5 Die Götter des Ostens

Die Römer übernahmen ihre Götter nicht nur von den Griechen. Etwa seit dem Ende des 3. Jahrhunderts v.Chr. drang auch die Verehrung orientalischer und ägyptischer Gottheiten über die Provinzen bis nach Rom vor. Bereits im Jahre 204 v.Chr. wurde der Kult der Kybele als „Magna Mater“ eingeführt; die bei drohender Gefahr für Rom befragten sibyllinischen Bücher hatten dies befohlen, um Hannibal aus Italien zu vertreiben. Um die orgiastische Ekstase, die die wilde phrygische Naturgöttin von ihren Anhängern forderte, von den Römern fernzuhalten, dienten ihr nur Priester orientalischer Herkunft. Der Kult ihres Begleiters Attis wurde besonders von Kaiser Claudius gefördert; in großen Frühlingsfesten wurde des Todes und der Auferstehung des Jünglings gedacht. Zusammen mit dem Kult der

Kybele und des Attis drang die Verehrung der westsemitischen Fruchtbarkeitsgöttin Atargatis (hervorgegangen aus der Verschmelzung der Anat und der Astarte) aus dem östlichen Mittelmeergebiet ins Römische Reich vor. Lukian schildert den orgiastischen Dienst an der „Dea Syria“, die vor allem von Sklaven und Soldaten als Allgöttin verehrt wurde, Nero gehörte ebenfalls zu ihren Anhängern. Wild bis zur Raserei war auch der Kult der kappadokischen Kriegsgöttin Mâ, für die im Jahre 48 v.Chr. ein Tempel errichtet wurde. Sie ging später in der römischen Bellona auf. An der Spitze der im Römischen Reich populären ägyptischen Götter stand Isis, die allerdings auf ihrem Weg durch die hellenistische Welt Züge anderer Gottheiten aufnahm, die ihren ursprünglichen Charakter veränderten: Aus der Verkörperung der Macht (als Mutter des Horus und damit des Pharaos) wurde eine Universalgottheit, die eins war mit den griechischen Göttinnen Tyche und Demeter. Ihr Mysterienkult (geschildert von Apuleius) drang schon unter Sulla nach Rom vor, wurde wie andere ägyptische Kulte anfangs bekämpft, erfreute sich aber immer größerer Beliebtheit, so dass schließlich Kaiser Domitian ihr einen offiziellen Tempel bauen ließ. Mit Isis zusammen wurde, wie in der ganzen hellenistischen Welt, ihr Gemahl Sarapis verehrt. Der weitaus wichtigste, von außen ins Römische Reich vorgedrungene Mysterienkult war seit dem 1. Jahrhundert n.Chr. jedoch der des Mithras. Sein Ursprung ist nicht endgültig geklärt. Neue Forschungen gehen davon aus, dass die Gestalt den indoiranischen Vertragsgott Mithra (lateinisch Mithras) mit dem griechischen Heros Perseus verbindet; sie geben der Stiertötungsszene, mit der Mithras in seinen Heiligtümern (Mithräen) dargestellt ist, eine astronomische Deutung, die erlaubt, in dem Gott eine über den gesamten Kosmos gebietende Macht zu sehen (als Sol invictus). Der ausschließlich Männern vorbehaltene Kult erfreute sich vor allem bei den Legionären großer

Beliebtheit. Die auf dem gesamten Territorium des Römischen Reiches gefundenen Reste der Mithräen (in Deutschland u.a. in Ladenburg und Heidelberg-Neuenheim, in Österreich in Carnuntum, in Ungarn in Aquincum) verweisen auf die gesamtrömische Verbreitung des Mithraskultes, der zeitweise gleichrangig neben dem frühen Christentum stand.

1.5.6 Das Weiterleben der römischen Götter

Wie oben schon gesagt, waren die Namen der römischen Götter in der abendländischen Kultur sehr viel bekannter als die der griechischen. Da Ovid auch im christlich geprägten Bildungswesen des Mittelalters zur Schullektüre gehörte, waren Namen und (ursprünglich griechische) Mythen immer präsent, sei es in Metaphern und Allegorien oder als Angleichung an die christliche Überlieferung (so wurde der Unterweltsgott Dis mit dem Teufel identifiziert). Die Planeten waren nach den römischen Göttern benannt und den in ihrem Zeichen Geborenen wurden Eigenschaften zugeschrieben, die an den jeweiligen Gott erinnerten (die Kinder des Merkur galten als wissbegierig, die der Venus als vergnügungssüchtig). Griechische Kunstwerke erhielten römische Namen: Die berühmte „Aphrodite von Melos" wurde weltbekannt als „Venus von Milo", und Schiller verarbeitete den griechischen Demeter-Mythos in seinem Gedicht als „Die Klage der Ceres" (vgl. Bibliographisches Institut & F. A. Brockhaus AG, 2005).

Gibt es noch einen besseren Beweis dafür, dass das Bedürfnis, an einen Gott zu glauben, mit jedem Menschen neu geboren wird? Diese

Eigenschaft hat der wahre Gott, womit der wahre Gott Abrahams und der abrahamischen Religionen gemeint ist. Dieses Bedürfnis gepaart mit seinem höchsten Geschenk an die Menschen, den Verstand, und das, was er den Menschen an Natur, Gaben und Gütern geschenkt hat, diese Situation hätte völlig ausreichen müssen um den absoluten wahren Schöpfer zu erkennen. Der Mensch hat aber sein Leben so gestaltet, dass er intern niemals die entsprechende Ruhe hatte, um zur Erkenntnis des wahren Gott zu gelangen. Habgier und die Neigung, das eigene Ich gegenüber den Mitmenschen aufzupolieren, waren in Wahrheit die Hinderungsgründe dafür.

Warum lässt der wahre Gott Abrahams die Menschen diese Pseudogötter erfinden? Oder weshalb hat er sich nicht früher geoffenbart?

Gott gab der menschlichen Seele in ihrer fundamentalen Struktur das höchste Bedürfnis mit. Dieses Bedürfnis ist der Glauben an ein höheres Wesen, das der Mensch mit „Gott" bezeichnet. Hierin lagen die Motivationen der Menschen, Götter zu erfinden. Allerdings erfüllten diese Ersatzgötter nicht die seelische Aufgabe, die der Mensch dringend benötigte, nämlich glücklich zu sein. Wer heutzutage an den wahren Gott, der sich uns über seine Gesandten geoffenbart hat, glauben darf, ist intern ein glücklicher Mensch, unabhängig davon, wie viel er besitzt oder nicht besitzt. Ein wichtiges Charakteristikum ist die Persönlichkeitsstärke des Individuums. Der Glaube an Gott ist eines der höchsten Geschenke Gottes an die Kreatur namens Mensch.

Meine erste These lautet: Er hat den Menschen Zeit gelassen, um mit Hilfe seines höchsten Geschenks, den Verstand, den Macher hinter den Gaben Gottes, den einen Gott zu erkennen.

Die zweite These ist: Wie jeder Religionspädagoge weiß, gibt es eine Parallele zwischen der geistigen Entwicklung eines Kindes und der entsprechenden mentalen Entwicklung der Menschheit. So gesehen sollte jeder Lehrer in seinem Unterricht den Weg der Menschheit nehmen. Dieser Tatbestand entspricht exakt der wahren Natur eines jeden Schülers. Ich behaupte, dass der abrahamische Gott unter den Didaktikern der allerhöchste ist. Deshalb wartet er auf die Entwicklung der Menschheit bzw. auf eine Portion der geistigen Reife, damit seine Botschaften, die in Wahrheit der Beweis seiner Barmherzigkeit der Kreatur namens Mensch gegenüber sind, von diesem begriffen werden. Dieser Reifeprozess ist für die Menschen extrem wichtig, denn dieser wahre Gott ist für die Kreatur absolut unerfassbar. Die bisherigen Götter, die die Menschen erfunden hatten, waren in verschiedenen Formen von diesen erstellt worden. Man wusste, wie sie aussahen und vor allem, welche Eigenschaften sie hatten. Das alles war vom Menschen auf die künstlichen Götter übertragen worden.

Meine dritte These heißt: Wie wichtig sind wir Menschen in Wahrheit für diesen einen Schöpfergott? Wirft man heute einen Blick auf seine kosmische Schöpfung, so ist dieser Globus, auf dem wir existieren, weniger als ein Staubkorn in der nordafrikanischen Wüste und das wohl in unserer winzigen Galaxie namens Milchstraße. In einem Hadith (Ausspruch) unseres Propheten Mohammed heißt es: „Wenn die Welt, in der wie existieren, beim wahren Gott den Wert eines

Mückenflügels hätte, so hätte er einem Ungläubigen keinen Schluck Wasser gegeben." Es muss erwähnt werden, dass dieser Spruch des Propheten unserer kosmischen Realität absolut entspricht.

So sind wir in Wahrheit in seiner Schöpfung weniger als das Nichts. Alles andere ist Wunschdenken der Kreatur namens Mensch. Ich habe viele Menschen getroffen, die an Gott nicht glauben können, weil sie meinen, gäbe es einen Gott, so wären die Naturkatastrophen wie Erdbeben, Tsunami und Hurricans nicht möglich gewesen. Ich sage, dieser eine Gott ist Gott und kein Sklave der Kreatur, der diese Katastrophen verhindert. Wir können unseren wahren Wert erst richtig einschätzen, wenn wir Gottes Schöpfung insgesamt überblickt haben. So lange dies nicht der Fall ist, haben wir keine Ahnung von unserem realen Wert in seiner Schöpfung. Er gibt den Gläubigen sowie den Ungläubigen seine Gaben, weil er ein barmherziger Gott ist. Sein höchstes Geschenk an uns ist der Verstand, und bis jetzt hat die Menschheit große Probleme mit dessen Einsatz. Man braucht hier nur einen Blick auf die neuere Geschichte der Menschheit zu werfen, nämlich ein 30-jähriger Krieg, ein Erster und ein Zweiter Weltkrieg, sogar der Abwurf der ersten beiden Atombomben auf Menschenköpfe und das in einem Bereich, wo angeblich die Nächstenliebe groß geschrieben wird. Dazu gehört auch der aktuelle Terror von Menschen, deren Religion Islam heißt, wobei die Bezeichnung „Islam" von „Salam" abstammt, was richtig übersetzt „Frieden" heißt. Diese historischen Realitäten bezeugen davon, dass wir Menschen noch lange nicht in der Lage sind, Gottes höchstes Geschenk an uns Menschen richtig einzusetzen.

2. *Der abrahamische Gott aus verschiedenen Perspektiven der Offenbarungsreligionen*

Jeder gläubige Mensch heute, ob Jude, Christ oder Muslim, meint, dass sein Heiliges Buch aus den Worten Gottes besteht. Ist das wirklich so? Im folgenden Kapitel soll untersucht werden, inwiefern von der historischen Entwicklung her die Heiligen Schriften tatsächliche Heilige Schriften sind und vor allem, inwiefern der Mensch mitgewirkt hat. Hier muss erwähnt werden, dass jede abrahamische Religion die Eigenschaft besitzt, in eine Ideologie umfunktioniert zu werden und es gehört zur physischen Natur einer jeden Ideologie, vom Menschen missbraucht zu werden.

Warum ist das so? Man muss bedenken, dass Gott in der Lage ist, aus allen Menschen lauter Engel zu machen. Deshalb gab er dem menschlichen Geist die Eigenschaft eines zweischneidigen Schwertes. Ein Mensch kann seinen Geist einsetzen um einen Mitmenschen umzubringen und ihn einsetzen um das Leben eines Mitmenschen zu retten. Er will aber, dass der Mensch, der zu ihm wirklich gelangen möchte, dies aus ureigener Initiative macht. Gott sieht alles und weiß alles. Der Prozeß des religiösen Missbrauchs setzt bereits bei den Heiligen Schriften ein. Der Einfluss der historische Umstände spielt kaum eine Rolle, da der ehrliche Mensch darauf achten kann, dass die heiligen Worte Gottes nicht verloren gehen. Dies geschieht letztendlich durch das Auswendiglernen, was schon seit der Zeit des Propheten Mohammed immer gemacht wurde.

2.1 Gottes Barmherzigkeit gegenüber Abraham

In der Zeit Abrahams lebten die Sippen auf der Halbinsel Sinai ca. 2000 v.Chr. Jede Sippe verehrte ihren eigenen Gott auf jedem Berg der Sinai-Halbinsel. Die Ältesten innerhalb der Sippe opferten ihren erstgeborenen Sohn der von ihnen angebeteten Gottheit. Eines Tages träumte Abraham, dass er seinen erstgeborenen Sohn Ismael dem entsprechenden Gott seiner Sippe opfern musste. Er besprach das mit seinem Sohn, dem Sohn seiner ägyptischen Sklavin Hagar. Ismael war damit einverstanden, weil er davon ausging, dass er dadurch das ewige Leben im Jenseits erlangen würde. Hier muss erwähnt werden, dass die Juden behaupten, dass Isaak, der Sohn seiner offiziellen Frau Sara, Abrahams erstgeborener Sohn ist. Ismael ist der Stammvater aller Araber und Isaak ist der Stammvater aller Juden. Während Abraham die Vorbereitungen traf um seinen Sohn zu „schlachten", erschien ihm der Erzengel Gabriel mit einem Widder, den er anstelle seines Sohnes opfern sollte. Dies ist bis heute die Grundlage der Tradition beim Opferfest der Muslime. Das Fleisch des Tieres, das geschlachtet wird, sollte auf arme Leute, die sich kein Fleisch leisten können, verteilt werden. In diesem Vorgang der Errettung des erstgeborenen Sohnes erkennt man Gottes Barmherzigkeit. Von da an wurde Abraham zu einem Gesandten Gottes, weil er dafür sorgte, dass diese vom Menschen erfundenen Götter in Wahrheit gar keine Götter sind. Ab da wurde er für die Muslime „der Hanif Gottes", d.h. der Freund Gottes. Dafür sollte er später die Kaaba in Mekka zusammen mit seinem Sohn Ismael errichten. Laut der Überlieferung diente der schwarze Stein in der Ecke des Gebäudes als eine einzigartige Hilfe für den Bau der Kaaba. Abraham setzte sich auf den besagten schwarzen Stein und dieser hob sich mit Abraham auf ihm zu den Stellen nach oben, wo er ohne eine solche Hilfe gar nicht hätte hingelangen können.

Nachdem Abraham Hagar, die Mutter Ismaels, verstoßen hatte, gebar sie Ismael auf einem Hügel in der Nähe der Kaaba, natürlich bevor diese erbaut worden war. Auf Grund eine Fata Morgana glaubte Hagar, Wasser auf dem gegenüberliegenden Hügel zu erkennen. So ging sie dorthin und stellte fest, dass das eine optische Täuschung war. Dieser Vorgang geschah sieben Mal, was die heutigen Muslime bei der Pilgerfahrt nachvollziehen. Der allmächtige Schöpfer schenkte Hagar die Quelle Zamzam, die bis heute noch sprudelt.

3. Jahwe, der Gott Israels

Als Gott Moses, der ca. 1200 v.Chr. gelebt hat, zum Pharao und seinen Zauberern sandte in einer Zeit, in der diese sehr berühmt waren und die stärksten Persönlichkeiten nicht nur in Ägypten, sondern fast auf der ganzen Welt darstellten, und ihm befahl, seinen Stock auf den Boden zu werfen, wurde daraus eine riesige Schlange, die alles auffraß, was Pharaos Zauberer gezaubert hatten. So waren die Zauberer des Pharao die ersten, die an Gott glaubten, weil sie erkannten, dass diese Schlange niemals ein Menschenwerk sein kann.

Als Gott die Juden von der altägyptischen Sklaverei befreite und ihnen den Weg durch das Rote Meer mit Hilfe der Spaltung des Wassers öffnete, schenkte er ihnen die Mosesquellen mit Süßwasser auf der Sinai-Halbinsel, die bis heute noch sprudeln. Ich habe zusammen mit meiner Familie diese Quellen aufgesucht. Das Gebiet rings um die Mosesquellen gleicht beinahe einer Oase. Interessanterweise beträgt der Abstand zwischen diesen Quellen und dem Salzwasser des Meeres maximal ein Meter. Leider liegen die Mosesquellen fest „in den Händen von Schafen und Ziegen“. Ich habe selbst einen Brief an das Ministerium für Touristik in Ägypten geschrieben, dass man diesen Quellen einen würdigen Rahmen geben sollte, aber bis heute ist nichts geändert worden. Man sieht hier die große Barmherzigkeit des Schöpfers gegenüber den Juden, denn er führte sie aus der Sklaverei des alten Ägyptens und schenkte ihnen unterwegs auf dem Weg durch die Wüste Süßwasser.

3.1 Das Eingreifen der Neubabylonier und der Untergang des Südreiches im Babylonischen Exil

Ein kurzer Überblick über die Geschichte Israels zeigt uns, wie die Juden nach Babylonien kamen und warum man dort das Alte Testament aus Angst vor Verlust fundiert hat.

Die Oberherrschaft Ägyptens über Palästina währte nicht lange. Schon im Jahr 605 v.Chr. siegte Nebukadnezar II. im nordsyrischen Karkemisch über die ägyptisch-assyrische Koalition und demonstrierte in einem Heereszug 604 bis nach Gaza, dass die Neubabylonier gewillt waren, das assyrische Erbe anzutreten. Wahrscheinlich wurde schon in diesem Jahr Josias Sohn Jojakim, der von den Reformern in der Erbfolge bewusst übergangen von Necho als sein Vasall eingesetzt worden war, Nebukadnezar tributpflichtig (1. Stufe der Abhängigkeit). Doch trotz der Warnungen Jeremias (Jer. 36) begann auch er, wie zuvor die Könige des Nordreichs, das riskante Spiel wechselnder Bündnispartner. Als das Neubabylonische Reich mit einem Angriff auf Ägypten 601 v.Chr. gescheitert war, fiel er von Nebukadnezar ab und setzte auf die ägyptische Karte. Aber auch diesmal ließ die Strafaktion nicht lange auf sich warten. Im Jahr 598 v. Chr. belagerte Nebukadnezar Jerusalem. Nachdem Jojakim offenbar noch während der Belagerung gestorben war, konnte sein Sohn Jojachin die Erstürmung der Stadt nur dadurch verhindern, dass er sich am 16. März 597 v.Chr. ergab. Jojachin und mit ihm ein erheblicher Teil der Oberschicht, der Kriegsleute und der kriegswichtigen Handwerker wurden nach Babylonien deportiert (2. Kön. 24,12-16), unter ihnen auch der Prophet Ezechiel. Juda wurde erheblich verkleinert, die südlichen Teile des Landes den Edomitern überlassen (2. Stufe der Abhängigkeit). Nebukadnezar setzte einen weiteren Sohn Josias, Zidkija, als seinen Vasallenkönig in dem reduzierten Reststaat ein. Doch kaum, dass 594 v.Chr. das Neubabylonische Reich im Osten Schwächen zeigte, geriet Zidkija in die Fänge „nationalistischer“ Gruppen, die mit Unterstützung Ägyptens ein antibabylonisches Bündnis mit den palästinischen Kleinstaaten schmieden wollten. Jeremia warnte erneut in der aufgeheizten Hochstimmung, in der man schon bald eine Rückkehr der Deportierten erwartete, vor einem Abfall (Jer. 27f.). Unter den Exilierten geißelte Ezechiel den möglichen Bruch des Vasallenvertrages durch Zidkija (Ez. 17). Doch die Nationalisten behielten die Oberhand und der hin- und herlavierende Zidkija ließ sich aufgrund eines ägyptischen Bündnisversprechens hinreißen, die Vasallität gegenüber den Neubabyloniern aufzukündigen. Dies provozierte, wie Jeremia und Ezechiel angekündigt hatten, Nebukadnezar zum Vernichtungsschlag: Etwa drei Jahre hielt die Stadt der Belagerung stand, aber auch ein ägyptischer Entlastungsangriff brachte keine Wende. Im August 587 (oder 586) wurde Jerusalem eingenommen und einen Monat später einschließlich des Tempels völlig verwüstet (2. Kön. 25,1-21). Zidkija wurde geblendet und nach Babylonien verschleppt, die Anführer der nationalistischen Partei hingerichtet und ein weiterer Teil der Bevölkerung deportiert. Ein letzter Versuch, unter dem Statthalter Gedalja das deuteronomische Reformwerk fortzuführen und ein Gemeinwesen ohne Königtum aufzubauen, scheiterte nach zwei Monaten; Gedalja wurde von nationalistischen Freischärlern ermordet (2. Kön. 25, 22-26; Jer. 40ff.). Damit hatte auch Juda aufgehört zu bestehen.

Es gehört zu den Wundern in der Menschheitsgeschichte, dass Israel den Untergang seiner beiden Staaten überlebte. Die politische Katastrophe führte nicht zur Aufgabe seiner selbst und seines Gottes. Vielmehr setzte sie in der Exilzeit eine tiefe religiöse Reflexion in Gang, in der Israel seinen Untergang als Beweis der alleinigen Macht seines Gottes als des einzigen Herrn der Geschichte verstehen lernte, die alle Götter als machtlose Götzen entlarvt und alle noch so große politische Macht relativiert (Monotheismus: Jes. 41,21-29; 43,8-13; 44, 24 bis 45,7; 47). Aus der Katastrophe des Exils wurde das Judentum geboren: Nach dem Fall des Neubabylonischen Reiches 539 wagten mit Unterstützung des Perserkönigs Kyros II., des Großen, beträchtliche Gruppen von Exilierten mit den im Lande Verbliebenen einen Neuanfang und begannen 520, den Tempel in Jerusalem wieder aufzubauen. Gerade weil die Kleinstaaten Israel und Juda untergingen, machten sie Geschichte, die bis heute währt (vgl. Rainer Albertz, Bibliographisches Institut & F. A. Brockhaus AG, 2003)

Bevor die Juden ins Exil gingen, hat es bereits theologische Widerstände gegen die Kanaanisierung Israels gegeben. Eine derartige Entwicklung konnte sich freilich nicht vollziehen, ohne dass es Widerspruch gegen bestimmte Tendenzen gab. Dieser Widerspruch ging aber keineswegs nur von restaurativen Kräften aus. Vor allem wurde er aufgenommen und weitergetragen von jenen Männern, die zu den größten Gestalten in Israel, ja in der Religionsgeschichte überhaupt gehören: den Propheten.

Aber sie sind es nicht allein, die den Widerstand gegen die verschiedenen Neuerungen verkörpern und tragen. Das Alte Testament läßt an einigen Stellen erkennen, dass es auch noch andere Kreise in Israel gab, die dem „urisraelitischen“ Geist sichtbar Ausdruck geben und gegen alle kanaanäisch bestimmten Veränderungen Anerkennung verleihen möchten, die in ihren Augen Verfälschungen waren. So hören wir von den Nasträern, Männern, die sich durch ein Gelübde zu bestimmten Enthaltungen - beispielsweise vom Weingenuss - verpflichteten und dadurch zum Ausdruck zu bringen suchten, dass sie in besonderer Weise Jahwe zugehörten. In späterer Zeit traten die Rekabiten auf, ein Kreis von Männern, die auf nomadische Lebensführung Wert legten und damit betonen wollten, dass das Kulturland die Brutstätte alles dessen sei, was zum Abfall von Jahwe verleitet. Wieweit die das Land durchziehenden ekstatischen Prophetenschwärme einen solchen „urisraelitischen“ Geist verkörperten, muss allerdings dahingestellt bleiben.

An welchen Punkten musste sich nun der Widerspruch besonders entzünden? Seit David sein Großreich gegründet hatte, wohnte man mit den Kanaanäern in ein und demselben Staatswesen zusammen. Dadurch ergab sich gegenüber der Zeit unmittelbar nach der Landnahme eine viel intensivere Berührung mit den altansässigen Kulturlandbewohnern, also auch eine stärkere Übernahme kultureller und religiöser Güter von ihnen. Als die beiden nach Salomos Tode getrennten Staatswesen Israel und Juda in politische Abhängigkeit erst von aramäischen, dann von assyrischen, schließlich von babylonischen Königen gerieten - das letztere trifft nur noch auf das Südreich Juda zu -, da fanden ganz von selbst oder auch zwangsweise die in den Erobererreichen verehrten Gottheiten, die sich als überlegen erwiesen hatten, mitsamt den dazu gehörigen Kultformen zumindest in den königlichen Heiligtümern Eingang.

Aber bereits der Bau eines Tempelhauses selbst musste von restaurativen Kreisen als nicht dem Willen Jahwes entsprechend empfunden werden. Gegen die Institution des Königtums ist offenbar von Anfang an mannigfacher Widerspruch laut geworden, und dieselben Männer, die, von Jahwe beauftragt, einen von der Gottheit Designierten zum König ausrufen lassen, finden wir manchmal bald danach als unerbittliche Gegner dieser von ihnen selbst eingesetzten Männer. Denn die Macht des Königs droht letzten Endes Jahwes Ehre zu verdunkeln, der es sich selbst vorbehalten hat, sein Volk vor äußeren Feinden zu schützen. Ebenso kann man das sich immer stärker ausprägende soziale Gefälle vom Land zur Stadt hin, aber auch innerhalb des städtischen Gemeinwesens, nicht als dem Willen Jahwes entsprechend ansehen. Und nicht zuletzt haben wir an den oft auffälligen, oft auch sehr verborgenen, schleichenden Prozess der Baalisierung des Jahwe-Glaubens zu denken, von dem im Alten Testament an vielen Stellen - wenn auch manchmal nur verschlüsselt - die Rede ist. Dadurch wußte man den Ausschließlichkeitsanspruch Jahwes gefährdet: Jahwe und Baal hatten nichts miteinander gemein. Gerade Jahwe und Baal wurden in einem viel stärkeren Maße als Gegner angesehen als z. B. Jahwe und El, die man sehr viel leichter miteinander identifizieren konnte.

An dieser Stelle sind nun auch die klassischen Propheten einzuordnen. Es kann uns nicht darum gehen, nachzuforschen, woher diese Propheten eigentlich kommen, wer ihre Vorläufer in älterer Zeit gewesen sind; hier gibt es noch vieles zu untersuchen und zu klären. Dies eine hat die Forschung der letzten Jahrzehnte jedenfalls klar herausgestellt: Die Propheten sind keine einsamen religiösen Heroen gewesen, die gleichsam aus dem Nichts heraus eine ganz neue Form des Jahweglaubens geschaffen hätten, dabei allenfalls an die angeblich einmalige Tat des „Religionsstifters" Mose anknüpfend - so als sei die Zeit zwischen Mose und den Propheten eine Periode des religiösen Niedergangs, eine für die Religionsgeschichte bedeutungslose Epoche gewesen. Die alttestamentliche Forschung hat viel Mühe auf den Nachweis verwandt, wie fest die Propheten in den alten israelitischen Traditionen wurzelten. Dadurch dass wir die Verwurzelung der Propheten im Hergebrachten betonen, soll aber keineswegs geleugnet werden, dass sie - jeder in seiner Weise - bedeutende und begnadete Persönlichkeiten gewesen sind. Sie haben nicht etwa nur restaurativ gewirkt - im Gegenteil: Sie haben ganz neue Taten ihres Gottes angekündigt und mit ihrer Verkündigung auch Neues geschaffen. So haben sie wie alle echten Reformatoren gewirkt: das Alte, vielfach Vergessene und Verschüttete wiederaufnehmend und es zugleich weiterführend, nicht nur erneuernd, sondern auch Neues schaffend.

Es wird sich darauf beschränkt, einige wesentliche, für das prophetische Wirken insgesamt kennzeichnende Gesichtspunkte herauszustellen und hier jeweils die einzelnen Propheten, deren Verkündigung davon Zeugnis gibt, einzuordnen. Gerhard von Rad hat in seiner Theologie des Alten Testaments vier Gegebenheiten genannt, an denen die Propheten mit ihrer Kritik ansetzten: 1. die synkretistische Verwilderung des Jahweglaubens, 2. die Emanzipation vom Angebot politischen Schutzes durch Jahwe, 3. soziale und wirtschaftliche Missstände, 4. ein politisches Faktum: das Erstarken der mesopotamischen Großreiche. Diese

Aufgliederung mag auch hier helfen, eine Übersicht über die Hauptakzente prophetischer Botschaft zu gewinnen.

1. Bereits Elia hat allem Anschein nach für die Reinerhaltung des Jahweglaubens vor der Vermischung mit kanaanäischem, insbesondere vielleicht phönikischem Fremdgötterkult, wie ihn der König Ahab begünstigte, gekämpft. Von den Schriftpropheten ist es dann zunächst Hosea, der hier mit seiner Verkündigung ansetzt: Israels Gegenüber im Kult ist - wie er immer erneut feststellen muss - längst nicht mehr Jahwe, wenn auch sein Name noch so oft genannt wird, sondern in Wirklichkeit Baal. Während Hosea ausschließlich die Verhältnisse im Nordstaat Israel im Auge hat - hier ist die Kanaanisierung gerade auch des Volksglaubens wohl sehr viel stärker fortgeschritten als im Südreich Juda -, nimmt Jeremia ein gutes Jahrhundert später gegen ähnliche Erscheinungen in dem zu seiner Zeit einzig noch bestehenden Staatswesen Juda Stellung. Hesekiel (Ezechiel) ist es dann, der die schärfsten Worte gegen die Überfremdung des jerusalemischen Kultes durch Fremdkulte findet. Dass die Gefahr der Beeinflussung, ja Verdrängung des Jahwe gewidmeten Kults durch andere Kulte und Religionen auch in nachexilischer Zeit nicht gebannt ist, macht die Verkündigung im Buch des sogenannten Tritojesaja (Jes. 56-66) deutlich; hinter diesem Namen verbirgt sich wahrscheinlich eine Mehrzahl späterer Propheten.

2. Nach allgemeinem Verständnis hatte der König die Aufgabe übernommen, Israels äußeren Bestand zu garantieren und notfalls im „heiligen Kriege“ zu verteidigen. Bei einigen der reformatorisch gesinnten, dabei aber auf die alten Überlieferungen zurück-

greifenden Propheten scheint man aber ein solches Verhalten des Königs als Eingriff in ein fremdes Amt angesehen zu haben. Dementsprechend steht man der Institution des Königtums oft sehr reserviert gegenüber. Bei Hosea ist das besonders deutlich zu spüren. Wenn der König dann vollends durch eigenmächtig-despotische Handlungen gegen das alte Gottesrecht verstößt, begegnet ihm im Jahwe-Propheten ein unerbittlicher Gegner: dem Saul in Samuel, dem David in Nathan, dem Ahab in Elia. Umgekehrt lassen aber auch die Könige ihrem Widersacher, dem Propheten, oft eine alles andere als freundliche Behandlung angedeihen. Der Prophet wird so oft ein Leidender, Verfolgter, wie am deutlichsten am Beispiel des Jeremia zu sehen ist. Ein Teil der Propheten - vor allem der im Südreich Juda wirkenden - ist aber nicht prinzipiell gegen das Königtum als Institution eingestellt, sondern weiß sich eher zur Kritik an einzelnen Königen und deren Maßnahmen aufgerufen. In diesem Sinne muss man etwa die große Auseinandersetzung Jesajas mit dem König Ahas (Jes. 7) verstehen, in der der Prophet den König auffordert, den Schutz seines Staatswesens in bedrohlicher Lage allein Jahwe anzuvertrauen und auf das Schielen nach menschlichen Bundesgenossen zu verzichten.

3. Die sozialen Missstände, wie sie in einer bestimmten Hinsicht bereits Elia angeprangert hatte (1. Kön. 21), wie sie sodann vor allem Amos und Jesaja geißeln, muss man freilich als teilweise zwangsläufige Folge des Lebens im Kulturland sehen. Jene soziale Differenzierung, die zur Ausbildung einer wirtschaftlich-sozial schwächeren Schicht und weiter zur Ausbeutung, ja Versklavung der weniger Begüterten führte, war im Nomadenleben undenkbar gewesen. Wenn einige der Propheten als Sozialreformer aufzutreten

scheinen, so tun sie das nicht nur und gar nicht in erster Linie aus einem humanen Empfinden zugunsten der sozial Schwächeren; ihnen liegt vielmehr daran, dem urisraelitischen Recht, nach dem alle Israeliten gleich sind, wieder die gebührende Autorität zu verschaffen. Vor Jahwe kann es keine sozialen Schichtungen innerhalb Israels geben. So ist Jahwe ungerechten Übergriffen der Mächtigen den Armen und sozial Schwachen gegenüber prinzipiell feind.

4. Am profiliertesten erscheint die Verkündigung der Propheten dort, wo sie zur Völker-, zur damaligen Weltgeschichte das Wort nehmen. Nach der verhältnismäßig ruhigen Periode des David- und Salomo-Reiches zwischen 1000 und 900 v.Chr. gerät die Geschichte bald wieder in Unruhe und Bewegung, bis schließlich die kleinen Staatsgebilde in Syrien und Palästina von den Großreichen zermalmt werden. Die älteren Propheten Israels sehen in erster Linie die Gefahr, die von dem erstarkenden neuassyrischen Reich her droht. Jesaja und Micha erheben hier ihre Stimme und weisen auf die von ihnen - im Gegensatz zu vielen verblendeten Zeitgenossen - klar erkannte tödliche Gefahr hin, die von Assyrien her droht. Amos mag in äußerlich noch ruhiger Zeit diese Gefahr schon vorausgeahnt haben. Aber die Propheten begnügen sich nicht mit derlei Hinweisen. Ihre Größe ist es gerade, dass sie es wagen, Vorgänge dieser Art in eine ganz neue, bisher unerhörte Geschichtstheologie zu fassen: Wenn Assyrien für die Existenz Israels offenbar eine tödliche Bedrohung darstellt, gilt es daran zu erkennen, dass Jahwe nicht mehr willens ist, sein Volk zu schützen. Denn dieses Volk ist um seiner vielfachen Versündigungen willen des von seinem Gott gewährten Heiles nicht mehr würdig. Es ist also durchaus nicht

gegen Jahwes Willen, wenn die Völker zum entscheidenden Schlag gegen Israel ansetzen - im Gegenteil: Diese Feindvölker sind Werkzeuge in Jahwes Hand, mit denen er sein Volk seiner Sünde wegen zu vernichten droht. Wo allerdings die Feindvölker den ihnen von Jahwe gegebenen Auftrag überschreiten, wird ihnen derselbe Jahwe der grimmigste Feind werden. Wir sehen, wie hier ein weiterer wichtiger Schritt auf den absoluten Monotheismus hin vollzogen wird: Jahwe ist nach prophetischem Glauben nicht nur der Gott, der die Geschichte seines eigenen Volkes lenkt und wirkt, er ist der Herr der gesamten Geschichte und benutzt sie, um seine bestimmte Absicht mit Israel durch- und zum Ziele zu führen. Damit gelten die Gottheiten der anderen Völker grundsätzlich als entmächtigt. In der späteren Bedrohung, die die Existenz des Staates Juda durch den neubabylonischen Großkönig Nebukadnezar erfährt, nimmt Jeremia diese „politische" Verkündigung wieder auf und unternimmt es, ihre Konsequenzen an ganz konkreten Handlungen und Entscheidungen aufzuzeigen. Auch bei Zephanja und Hesekiel (Ezechiel) stößt man an vielen Stellen auf solch „politische" Prophetie.

Nun wäre die Skizzierung des prophetischen Wirkens aber unvollständig, wollte man sich mit dem eben Ausgeführten begnügen. Das Entscheidende an der Botschaft der alttestamentlichen Propheten ist doch wohl dies, dass sie Jahwes allgewaltiges Kommen verkündigen: Jahwe hat sich aufgemacht, sein Volk „heimzusuchen". Jahwe wird dabei erkannt als ein Gott, dessen furchtbarer Zorn über die Sünde und Verstocktheit seines Volkes entbrannt ist, denn dieses widergöttliche Tun und Treiben kann er als ein Gott nicht dulden, der Recht und Gerechtigkeit liebt und der eifersüchtig über die Ehre seines Namens wacht. So ist denn das Gericht unausweichlich, das bei der Größe der angehäuften Schuld nur ein tödliches sein kann. Zugleich aber wissen die Propheten doch um die Unverbrüchlichkeit der einst geschehenen Erwählung und sie sehen darin die Liebe ihres Gottes zu seinem Eigentumsvolk wirksam. Von hier aus ist ein totales Vernichtungsgericht doch wieder eine Unmöglichkeit. Aus diesem Widerstreit zwischen Zorn und Gnade Jahwes, zwischen verdientem Gericht und verheißenem Heil gilt es nun einen Ausweg zu finden. Dabei gehen die Propheten sehr verschiedene Wege. Sie sind aber fast alle davon durchdrungen, dass Jahwes Kommen zum Gericht doch zugleich und zutiefst eine gnädige Heimsuchung ist. In das kommende Unheil Israels ist also in seltsamer Weise sein Heil hineinverschlungen. Jahwe macht zwar ein Ende mit dem Israel, wie es bisher war; aber es handelt sich dabei keineswegs um ein totales Ende dieses Volkes, sondern Jahwe hat Israel an einen „Nullpunkt" herangeführt, wo er das große Neue, sein Heil setzt. Der zum Unheil seines Volkes die Völker in Bewegung setzende Jahwe als Heilbringer - um diese dialektische, mit der Logik kaum zu fassende Botschaft kreist recht eigentlich die prophetische Verkündigung. Wenn Jahwe nun kommt, ist „letzte Zeit". Wenn die Propheten so eine eschatologische Verkündigung betreiben, entleihen sie gern die Farben, mit denen sie die kommende letzte Zeit als Heilszeit schildern, uralten mythischen Vorstellungen aus Umweltreligionen. Gerade bei den im Südreich wirkenden Propheten spielt außerdem die Hoffnung auf einen Heilskönig aus dem Davidhause, der in der „letzten Zeit" regieren wird, eine bestimmte Rolle; aus dieser Botschaft ist dann die messianische Bewegung erwachsen, die später so bedeutsam werden sollte. Als die politische Katastrophe 587 v. Chr. in ihrem ganzen Ausmaß Juda und Jerusalem überrollt hat, da sieht Hesekiel (Ezechiel), da sieht einige Jahrzehnte später der - mit seinem Namen nicht bekannte - Exilprophet Deuterojesaja, den man den „Evangelisten des Alten Bundes“ genannt hat (Jes. 40-55), die Stunde gekommen, dass Jahwe sein verheißenes Heil verwirklicht - und er tut es wieder unter Benutzung der von ihm gewirkten weltpolitischen Konstellation (Kyros). Deuterojesaja ist es auch, bei dem sich erstmals der Glaube in vollkommener Weise Bahn bricht, Jahwe sei der einzige überhaupt existierende Gott. Deuterojesaja ist es, der von dem geheimnisvollen, von Gott beauftragten, von Gott geschlagenen, von Gott zu Tode gebrachten Knecht Jahwes zu sagen weiß, und doch ist dieser Knecht Jahwes zugleich Gottes Vertrauter, Gottes Bevollmächtigter. Das Rätsel um diesen Gottesknecht bei Deuterojesaja harrt immer noch seiner Lösung.

Während der Blick der Propheten, obwohl sie in individuell verschiedener Weise an ältere Überlieferungen anknüpfen, in der Hauptsache in die nahe Zukunft gerichtet ist, während ihre Verkündigung darum einen ausgeprägt eschatologischen Zug hat, gibt es andere Kreise in Israel, bei denen stärker restaurative Gedanken ausgeprägt sind. Sie wissen des Gottesvolkes Leben dadurch garantiert, dass das Heil Jahwes da ist. Es ist da seit dem Sinai-Ereignis, und es kann sich höchstens darum handeln, diese Gottesbegegnung von einst wieder zu aktualisieren, d.h. den alten Ordnungen und dem alten Recht zu neuem Leben zu verhelfen. Wenn das geschieht, dann ist Heil gewährleistet; wenn Israel sich noch einmal von Jahwe zu dem einst auferlegten Recht und in die am Sinai gegebenen Ordnungen rufen läßt, dann kann es kein Gericht geben. Die ruhige Heilsgewissheit solcher Kreise, die darum doch keinesfalls inaktiv genannt werden dürfen, steht also in einer erheblichen Spannung zur prophetischen Verkündigung. Der wichtigste Repräsentant dieser mehr restaurativen als reformatorischen Auffassung ist das sogenannte deuteronomische Grundgesetz, das uns im Hauptteil des „Deuteronomiums", des 5. Buches Mose, erhalten geblieben ist.

Wenn der Verfasser dieses „Ur-Deuteronomiums" Israel als mit dem Gottesvolk vom Sinai - er sagt freilich immer „Horeb" - identisch anredet, dann darf man daraus schließen, dass er bewusst und entschlossen zu den Ordnungen von einst zurück will. Das Israel insbesondere der späten Königszeit, einer - nach Ansicht des Verfassers - als Verfallszeit anzusehenden Periode, wird gleichsam zurückversetzt in die Zeiten seines guten und gottwohlgefälligen Anfangs. Darum gibt unser Autor das von ihm konzipierte Gesetz als Mosegesetz aus, weil er überzeugt ist, dass es mit dem einst durch Mose am „Horeb" übermittelten Willen Jahwes an Israel völlig übereinstimmt. Wie er sein „Ur-Deuteronomium" mit einem Mosegesetz identifiziert, so möchte er - ungeachtet der dazwischenliegenden Zeitspanne - das Israel seiner eigenen Zeit mit jenem „idealen" Israel vom Sinai, das noch aus den frischen Quellen der unmittelbaren Gottesbegegnung lebt, identifizieren.

Da nun der alte Zwölfstämmeverband innerhalb des späteren Nordreichs Israel nach allem, was man weiß, ungleich lebendiger geblieben ist als im Südreich Juda, haben wir Grund anzunehmen, dass das Deuteronomium nordisraelitischen Kreisen seine Entstehung verdankt. Dafür spricht beispielsweise die sehr skeptische Einstellung des Verfassers der Institution des Königtums gegenüber, dafür spricht weiter das Fehlen jeder Reflexion über die Beziehungen Jahwes zu den anderen Völkern, wie auch der Prophet Hosea aus dem Nordreich darüber ebenfalls nichts zu sagen weiß. Übereinstimmung mit Hosea besteht auch in der Überzeugung, dass das Verhältnis zwischen Gott und Volk durch die Liebe bestimmt ist.

Trotz jener ruhigen Heilsgewissheit, die das Deuteronomium kennzeichnet, ist es doch Repräsentant einer aggressiven Glaubenshaltung. Dem kanaanäischen Wesen gegenüber kennt es keinerlei Kompromiss; sich mit ihm auch nur einzulassen bedeutet schlimmsten Abfall von Jahwe. Am liebsten würde das Deuteronomium auch die alte Gegebenheit des „heiligen Krieges" erneuern. Bezeichnend ist, dass die alten Überlieferungen dem Umfang und Inhalt nach feststehen; sie werden nunmehr nur noch interpretiert, nicht mehr erweitert. Die schöpferische Phase der Traditionsbildung ist also endgültig vorbei.

Die Anschauungen des Deuteronomiums haben im nordisraelitischen Raum wegen der politischen Verhältnisse - das Nordreich verschwand infolge der assyrischen Eroberung 721 v. Chr. von der Bildfläche - nicht wirksam werden können. Um so bedeutsamer ist es, dass das Deuteronomium in der Zeit danach auch im Südreich Juda bekannt geworden ist; hier haben es augenscheinlich die außerhalb Jerusalems wohnenden Israeliten zu ihrem Programm erhoben. Da das deuteronomische Gesetz eine merkwürdige Mischung aus Rechtssatzungen und predigtartigen Ausführungen darstellt, wird gern daran gedacht, es mit den Leviten in Verbindung zu bringen, die als Erneuerer und Interpreten der alten Israeltraditionen zu gelten haben.

Obwohl das Verhältnis des Deuteronomiums zur Institution des Königtums alles andere als positiv ist, versucht doch ein König des Südreichs einige seiner wesentlichen Bestimmungen in Kraft zu setzen. Josia hatte sich, so kann man vermuten, das Ziel gesetzt, das alte davidische Reich wiederherzustellen. Bei solchem Bemühen kam ihm der Nieder- und endgültige Untergang des assyrischen Reiches sehr zu Hilfe. Allerdings kam Josia dann 609 v.Chr. im Kampfe gegen den Pharao Necho II. jäh ums Leben. Dieser Josia hat in einer kultischen Reform die judäischen Heiligtümer außerhalb Jerusalems, auf ehemals nordisraelitischem Boden u. a. auch das Heiligtum von Bethel, beseitigt. Diese Maßnahme kann man am ehesten erklären als Befolgung einer Vorschrift, die im Deuteronomium immer wieder auftaucht: Jahwe will nur an einem einzigen Orte verehrt sein. Dieser Ort konnte nach Ansicht des Königs, überhaupt der maßgebenden Kreise, nur Jerusalem sein. Das Alte Testament berichtet in 2. Kön. 22; 23 ausführlich über diese Vorgänge.

Es sei hier allerdings angemerkt, dass alle hier vorausgesetzten und referierten Thesen in jüngster Zeit wieder stark in Zweifel gezogen worden sind: dass das (Ur-)Deuteronomium nordisraelitischer Herkunft sei; dass es nach dem Untergang des Nordreichs in den Jerusalemer Tempel gelangt und dort zunächst vergessen worden sei, bis es unter dem König Josia wiedergefunden wurde, der es dann zur Grundlage einer großangelegten Reform gemacht habe. Die hier skizzierte Position kann aber noch nicht als durch eine derartige umfassende Kritik ausgehöhlt gelten; so besteht das gute Recht, sie weiter zu vertreten.

Mit dem Deuteronomium, so wie Josia es - nach der eben gegebenen Darstellung - in Kraft setzte, ist nun erstmals in Israel heilige Schrift da. Sie, die heilige Schrift des - bald in mannigfacher Weise erweiterten - deuteronomischen Grundgesetzes, ist von größter Bedeutung für die weitere innere Geschichte Israels, dann der Juden geworden. Auf dem Deuteronomium fußt der in exilischer Zeit lebende Schriftsteller, der die älteren Überlieferungen über die Geschichte des Volkes seit dem Aufbruch vom Sinai („Horeb") zusammengefaßt und ihnen in einem selbstverfassten Rahmenwerk und allerlei Zwischenbemerkungen eine bestimmte „Geschichtstheologie" aufgeprägt hat. Man nennt ihn den Deuteronomisten; auch er hat dann wieder Gefolgsleute gehabt, die sein Werk nach und nach vervollständigten. Seine Geschichtstheologie ist stark vom Deuteronomium her bestimmt (daher die Benennung); das zeigt sich am anschaulichsten in dem Maßstab, mit dem der Deuteronomist die Könige der beiden Staaten Israel und Juda misst: Sie haben (meist) Jahwes Zorn erregt oder (vereinzelt) unter Jahwes Wohlgefallen gestanden je nachdem, ob sie neben dem legitimen Kult in Jerusalem noch andere Heiligtümer und Kulte duldeten oder nicht. Weil die meisten Könige in dieser Hinsicht versagt haben - im Nordreich alle -, glaubt der Deuteronomist, hier den Schlüssel gefunden zu haben, warum es zu der ungeheuren Katastrophe kommen musste, die durch Jahwes geschichtliches Wirken eintrat, obwohl Israel doch Jahwes Volk war (vgl. Heiler 1982).

Diese theologische Verunsicherung, die man bereits vor dem Exil erfahren hat, ließ die Juden sich krampfhafter an das, was eigen ist, klammern. Dieser Prozeß brachte sie dazu, im Exil d.h. in Babylonien im heutigen Irak, das Alte Testament neu zu manifestieren. Für den späteren Christen gab es außerdem sprachliche Probleme, die im folgenden Abschnitt von Paul Schwarzenau in seinem Buch „Der größere Gott" beschrieben wurden.

„Juden sprechen selbstverständlich nicht vom Alten Testament. Sie sagen dafür «die Schrift» oder genauer: Tenak (Abkürzung aus Tora, Nebiim, Ketubim = Gesetz, Propheten, Schriften). Das bedeutet zugleich eine etwas andere Anordnung der Bücher, als wir sie in unseren Bibelausgaben kennen. In der Gliederung liegt Gefälle. Sie bringt den Vorrang der Tora (= 5 Bücher Mose) zum Ausdruck. Der ältere Teil, die Tora, ist gewissermaßen kanonisch (maßstäblich, richtungsweisend) für die übrigen Bücher (Propheten und Schriften).

Die Übersetzung Altes Testament, wie auch Neues Testament, beruht auf einer Fehlübersetzung. Das hebräische Wort berit wurde durch das griechische Wort diatheke übersetzt. Diatheke besitzt aber die Doppelbedeutung «Bund» (lateinisch foedus) und «Testament» (lateinisch testamentum). Richtig wäre für die beiden «Testamente» die Übersetzung «Alter» und «Neuer Bund» gewesen.

Im Zentrum der Tora steht der Bund (die berit). Nur durch eine Entfaltung des Bundesgedankens lassen sich Bedeutung und Wesen der jüdischen Religion für Israel und die Menschheit verstehen und würdigen. Man wird daher nicht von einer Gesetzesreligion, sondern von einer Bundesreligion sprechen müssen. Zum Bund gehören der Bundesschluss Gottes mit seinem Volk (Mose, Sinai), das Bundesvolk (Israel), das Bundesgesetz (Tora), die Bundesgeschichte (insbesondere der Auszug aus Ägypten, der in der Passafeier erinnert wird) und die Bundeszeichen (wie Beschneidung, Sabbat und die Unterscheidungen von Rein und Unrein)“ (Schwarzenau 1977, 49f.).

Man denke an die Zeit, als Gott die Israeliten aus der Sklaverei in Ägypten herausführte und ihnen den Weg durch das Rote Meer öffnete sowie sie ins Gelobte Land leitete. Nachdem Moses 40 Tage auf den Berg Sinai verbracht hatte um die Zehn Gebote zu empfangen, musste er feststellen, dass sein Volk ein goldenes Kalb geformt hatte und es anbetete. 40 Tage reichten aus um die Barmherzigkeit und Liebe Gottes zu vergessen und sich einen eigenen künstlichen Gott zu erschaffen. Hier muss erwähnt werden, dass die althergebrachte Gewohnheit, sich eigene Götter zu konstruieren, stärker war als die neue Erfahrung, die als Beweis der Liebe des Schöpfers an die Kreatur darstellte. Inwiefern hat sich dieses Volk von den alten Traditionen befreit? Die alte Gewohnheit, an fremden Göttern oder Menschenwerken festzuhalten, wirkte immer noch, auch in der Zeit des Exils in Babylonien.

Bei der Durchquerung des Roten Meeres mussten die Juden erkannt haben, welche Macht dieser eine Schöpfer hat. Außerdem schenkte er den Juden die Süßwasserquellen, die es vorher gar nicht gegeben hatte. Trotzdem stellten sie ein goldenes Kalb her und beteten es als

Gott an. Was geht im Menschen bei solchen Handlungsweisen vor? Das goldene Kalb ist das Endprodukt des menschlichen Geistes und damit hat der Mensch bei diesem neu erfundenen Gott ein Stück des eigenen Geistes mit eingebaut. Der absolute Gott ist so absolut, dass auf seiner Ebene kein Stück vom Menschen bei ihm existiert. Der Mensch ist nur seine Kreatur. Der Egoismus des Menschen zwingt ihn dazu, sich in irgendeiner Form auf die Ebene Gottes zu stellen. Hierin liegt die Motivation für den Bau eines goldenen Kalbes.

Folgende Beispiele von Walter Beltz in seinem Buch „Gott und die Götter – Biblische Mythologie“ belegen das Menschenwerk im Alten Testament.

Zur Schöpfungsgeschichte der Erde, wie sie in I. Mose (Genesis) 1,1-2,3 beschrieben ist, schreibt Walter Beltz: „1. Der Text dieses Mythos ist aus der Jerusalemer Priestertradition hervorgegangen. Die vorliegende Gestalt hat er im 5. Jahrhundert v.Chr. angenommen. Seine Einzelbestandteile sind älter und gehören der gemeinorientalischen Mythologie an, wie wir sie beispielsweise aus dem babylonischen Schöpfungsmythos Enuma Elisch kennen. Aber die Darstellung des biblischen Verfassers ist bewußt in Gegensatz zum babylonischen Mythos konzipiert. Der Babylonier fängt an: "Zur Zeit, als oben noch kein Himmel und unten noch keine Erde entstanden waren, war nur Apsu da, der Uranfängliche, und Tiamat, das Urwasser, deren Wasser sich miteinander vermischten." Um den Unterschied klarzumachen, hat der biblische Autor bewußt die Überschrift gewählt: Zuerst hat Elohim den Himmel und die Erde gemacht. Aber im Fortgang der Erzählung kommt er nicht umhin, analog zum babylonischen Epos fortzufahren: die Welt war wüst und leer (tohu wa bohu), und Finsternis lag über dem Urmeer, d.h. wie Apsu über der Tiamat, sie befruchtend. Der eigentliche Bericht über die Schöpfungshandlung Elohims beginnt erst mit der Erschaffung des Lichtes. Sein Schöpfungshandeln ist also ursprünglich keine creatio ex nihilo, keine Schöpfung aus dem Nichts, sondern die Welt ist schon vorhanden, gestaltlos zwar, aber vorgegeben. „Die Welt war wüst und leer", muss es heißen, obwohl der Hebräer für Erde als Gegensatz zu Himmel dieselbe Vokabel benutzt. Darin ist er dem Babylonier gefolgt..." (Beltz 1988, 40 f.)

An diesem Zitat erkennt man den Einfluß der Babylonier auf die Exiljuden, die wiederum versuchten, das Alte Testament zu manifestieren aus Angst davor, es zu verlieren.

Der Aufenthalt der Israeliten in Ägypten hat seinen theologischen Einfluß auf die Priester, die das Alte Testament im Exil überarbeiteten. Ein typisches Beispiel ist folgendes:

„Die Besonderheit des priesterlichen Berichts liegt ferner in der Anwendung des Wochenschemas auf die Schöpfung, womit er zu einer Ätiologie über den Sabbat wird: Der arbeitsfreie siebente Wochentag soll von den Israeliten geheiligt werden, weil Elohim an ihm geruht hat.

Stilistisch wird der biblische Bericht vor allem durch das stereotype

Schöpfungswort Elohims, das dem jeweiligen Schöpfungsakt vorausgeht, geprägt. Darin spiegeln sich auch ägyptische Erinnerungen wider, wonach der Gott durch das Wort schafft, das er spricht: „Der spricht, nachdem er entstanden ist: ich bin entstanden, damit das, was besteht, entstehen kann. Alles, was besteht, ist nach meiner Entstehung entstanden. Zahlreich sind die Werke, die aus meinem Munde hervorkamen (Schöpfungsmythos von Theben)" (Beltz 1988, 41 f.).

Über die Problematik der Einzigkeit Gottes, wie diese das 1. Mosaische Gebot (Du sollst keine anderen Götter neben mir haben) beinhaltet, schreibt der amerikanische Historiker Morton Smith folgendes: „Ein wichtiges Ergebnis neuester Forschung: Das Bild von der Entwicklung des Gottesglaubens in Israel ist differenzierter geworden. Aufgrund vieler indirekter Angaben in den Königs- und Chronikbüchern, aber auch der Polemik der Propheten, aufgrund archäologischer Funde (z. B. überall viele Götter und Göttinnenfiguren) und mancher Ortsnamen (z. B. »Bet-Anat« = »Tempel der Anat«) nimmt heutige Forschung an: Der Polytheismus war in Israel bis zum Babylonischen Exil weit verbreitet. Mit anderen Worten: Der strenge biblische Monotheismus konnte sich erst nach langen Auseinandersetzungen durchsetzen" (vgl. Smith 1971). Hier erkennt man, dass die göttliche Barmherzigkeit des Schöpfers gegenüber diesem Volk sehr bald vergessen worden ist.

Nach der historischen Forschung haben wir nämlich aus heutiger Sicht von »einer Kette relativ rasch aufeinanderfolgender, sukzessiver Revolutionen in Richtung Monotheismus« (Keel 1980, 21) auszugehen. Der deutsche Alttestamentler Bernhard Lang versuchte, sie genauer zu bestimmen (wobei jedoch noch schärfer zwischen der Existenz anderer Götter in- oder außerhalb Israels zu unterscheiden ist):

- Im 9. Jahrhundert v.Chr., der frühen monarchischen Zeit Israels, der Kampf gegen den tyrischen Gott Baal zugunsten des einen israelitischen Nationalgottes Jahwe: Jahwe statt Baal: so im Nordreich durch die Propheten Elija und Elischa und - nach Staatsstreich - durch den neuen König Jehu, im Südreich Juda zu gleicher Zeit die Reformen der Könige Asa und Joschafat.

- Im 8. Jahrhundert v.Chr. Beginn der zunächst minoritären Jahwe-allein- Bewegung: Nur dieser eine Gott ist in Israel anzubeten, was immer andere Völker als Götter verehren. Monolatrie verstanden als die Verehrung eines Gottes, ohne die Existenz anderer Götter (außerhalb Israel) zu leugnen; deshalb die scharfe Polemik des Propheten Hosea gegen die Verehrung anderer Götter in Israel und die Prostitution im Tempelbereich.

- Im 7. Jahrhundert v.Chr. die Durchsetzung dieser Alleinverehrung Jahwes. Die Existenz anderer Götter außerhalb Israels wird zwar noch immer nicht geleugnet, in Israel aber, dem exklusiven Bundesvolk, ist in exklusivem Gottesdienst exklusiv Jahwe (und nicht Baal oder später Zeus) zu verehren; es kommt zum Reformprogramm des Königs Joschija mit Kultreinigung, Kultzentralisierung und Erklärung der neuen Kultordnung zum Staatsgesetz.

- Im 6. Jahrhundert v.Chr. schließlich Fortentwicklung der Alleinverehrung Jahwes zum strengen Monotheismus, der jetzt die

Existenz anderer Götter leugnet: Die Eroberung Jerusalems durch die Babylonier wird als Strafe für den polytheistischen Irrweg interpretiert und die Redaktion der alten Schriften im streng monotheistischen Sinne unternommen.

»Jahwe ist Gott!« Es war in der Tat ein langer und doch letztlich klarer Weg: von dieser Parole des legendenumrankten Propheten Elija über die großen Schriftpropheten, Jesaja im 8. und Jeremia im 7. Jahrhundert v.Chr., für welche die Götter (»elohim«) der Großmächte (und besonders die des neuassyrischen Reiches) »Nichtse«, »elohim« (Jes 2,8. 18; 10,10; 19,3.), »Nicht-Gott«, »lo-elohim« (Jer 2,11; 5,7.) und »nichtiger Hauch«, »hebel« (Jer 2,5; 10,8; 14,22.) sind, bis hin schließlich zum klaren hymnischen Bekenntnis des Zweiten Jesaja (Deuterojesaja), der im 6. Jahrhundert wie der Prophet Ezechiel unter den Verbannten der babylonischen Gefangenschaft wirkt und dort den einen und einzigen Gott Jahwe als Heil aller Völker verkündet: »Es ist kein Gott außer mir! Einen gerechten und rettenden Gott gibt es nicht neben mir!« (Jes 45,21.)

Ja, hier wurde die Voraussetzung geschaffen für eine neue Glaubensstruktur großen Stils, die im Exil vorbereitet und nach der Rückkehr vollzogen wurde. Babylonischer Einfluss - mesopotamischer Kalender, babylonische Namen, babylonisches Weltbild - ist dabei unübersehbar, und vor allem wird nun das Aramäische die allgemeine Verkehrssprache der gesamten Region, von dem Israel das quadratische Alphabet anstelle des phönikischen übernahm, das bis heute in Gebrauch ist – und dies zunächst einmal im Zeichen der persischen Oberherrschaft.

Das alles zeigt schon, woraufhin die geschichtliche Stunde drängte: auf eine Konzentration auf das Gesetz, die schon in der Exilszeit im Geist des Deuteronomiums grundgelegt worden war: Gnade erlangen durch Befolgen des Gesetzes! Damals schon dürfte jenes im Buche Levitikus enthaltene Gesetzbuch, das »Heiligkeitsgesetz« seine definitive Form erhalten haben. Neben den religiösen und ethischen Anweisungen finden sich hier vor allem kultische Vorschriften: bezüglich Schlachten von Tieren und Genuß von Tierfleisch; bezüglich geschlechtlichem Verkehr und geschlechtlichen Verfehlungen; bezüglich Heiligkeit des Tempels, der Priester, Opfer, Abgaben und Feste; bezüglich des Sabbat- und Jobeljahres ... Alles in allem eine Magna Charta für die Erneuerung des israelitischen Volkslebens, allerdings nicht im prophetischen Sinne eines Neuaufbaus aus dem Geist, sondern durch Organisation und Gesetz (vgl. G. Fohrer 1969, 321).

Das alles heißt nun aber auch, dass man die Ambivalenz dieser Entwicklung sehen muss:

- Einerseits: Nach den Anfängen der deuteronomischen Reformbewegung jetzt eine »gesetzliche Daseinshaltung und eine Gesetzesfrömmigkeit«, der man weder einen tiefen Ernst noch die Bereitschaft zum Gehorsam gegen den göttlichen Willen absprechen könne. Sogar eine innere Zustimmung zum Gesetz sei spürbar gewesen (ebd. 321f.).

- Andererseits aber werde das Leben in die Grenzen des Rechtes eingeengt, reguliert und schematisiert: Maßgeblich war das rechte äußere

Handeln, wie es bei einer am Gesetz orientierten Lebenshaltung nicht anders sein kann. Gerecht und fromm war derjenige, der die im Gesetz niedergelegten göttlichen Forderungen erfüllte (ebd. 322). In der Tat: Hier schon bereitet sich das vor, was man später die jüdische Orthodoxie nennen sollte.

Wie immer: In den biblischen Quellen jedenfalls wird diese Entwicklung ganz und gar positiv gesehen. So beim Chronisten, der vermutlich ein zum Jerusalemer Kultpersonal gehörender Levit war. Er ist der Verfasser des chronistischen Geschichtswerkes, das David verherrlicht und zu dem als Fortsetzung der beiden Chronikbücher ursprünglich auch die Bücher Nehemia und Esra gehörten. Er hat uns den Rechenschaftsbericht des Esra, geschrieben für die persische Reichsregierung oder die Juden in Babylon, (vgl. Esr 7-10) ebenso wie die Memoiren Nehemias (vgl. Neh 1-7; 10-13) aufbewahrt in einer wohl um 300 verfassten Schrift, in der die religiöse Geschichte Israels stark stilisiert wurde. Und wie sehr die jüdische Gemeinde (vor allem die Pharisäer) später das Andenken der beiden großen Reformer ehrte, ersieht man daran, dass sie die Bücher Nehemia und Esra unter die kanonischen heiligen Bücher aufnahm. Insbesondere Esra, oft mit Mose verglichen, gilt als Begründer des - von der prophetischen Botschaft wegführenden - kultisch und gesetzlich bestimmten Frühjudentums. Gewiß: eine »neue Religion« ist nach dem Exil nicht eingeführt worden. Wohl aber ist ein neues epochales Paradigma der israelitischen Religion durchgebrochen, das gleich noch genauer zu analysieren sein wird (vgl. ebd. 369)

Über die theokratische Gemeinde schreibt Hans Küng in seinem Buch „Das Judentum“ folgendes: „Um das Jahr 450 v.Chr. – war es zum definitiven Durchbruch der neuen Konstellation gekommen, zur Vollendung des neuen Paradigmas, und auch hier sind die Kriterien für einen Paradigmenwechsel gut erkennbar:

- Vorausgehen musste die fundamentale Krise des vorausgegangenen, des davidischen Reichsparadigmas: der Untergang der Reiche von Israel und Juda sowie das Babylonische Exil.

- Vorbereitet wurde das neue Paradigma schon im Rahmen des alten: durch die Kultreform des Königs Joschija.

- Initiiert wurde es einerseits durch die Propheten und deuteronomistischen Schriftsteller der exilisch-nachexilischen Zeit, andererseits durch den Neubau des Tempels.

- Durchgesetzt wurde es durch die jetzt zur ersten Macht im Lande aufgerückte Priesterschaft...“ (Küng 1999, 142).

„• Das Grundmuster bilden also nicht mehr das Königtum, das Reich und damit die politische Macht, die noch ein gutes Jahrhundert bei den Persern bleiben und dann an Alexander den Großen und seine griechischen Nachfolger und schließlich an die Römer übergehen wird.

• Das Grundmuster bilden einerseits Tempel und Tempelhierarchie der heiligen Stadt Jerusalem, die jetzt exklusives religiöses Zentrum ist, andererseits die Sammlung der heiligen Schriften, die jetzt zum verbindlichen Gesetz werden.

• Herrschaftsform ist somit die Theokratie, bei der Gott selber zwar nicht über den Staat, wohl aber über die Gemeinde der Jahwegläubigen - mittels der Priesterschaft (Hierokratie) und des Gottesgesetzes (Nomokratie) - die Herrschaft ausübt: insgesamt also das Paradigma nicht mehr eines monarchischen Staates, sondern einer theokratischen Gemeinde“ (ebd.143).

So gesehen verlagerte sich die politische Macht von den Händen der Politiker in die Hände der Priesterschaft (Hierokratie). Man denke an Jesus, als er die Tische der Händler vor dem Tempel umwarf und sagte: ***„12 Und Jesus ging zum Tempel Gottes hinein und trieb heraus alle Verkäufer und Käufer im Tempel und stieß um der Wechsler Tische und die Stühle der Taubenkrämer 13 und sprach zu ihnen: Es steht geschrieben: »Mein Haus soll ein Bethaus heißen«; ihr aber habt eine Mördergrube daraus gemacht.“*** (Mt 21, 12-13). Hierin liegt ein eindeutiger Beweis für den Missbrauch der Religion. Das Geld und vor allem die Macht waren für die Priester in dieser Zeit wichtiger als Gott. Dieses oben erwähnte Beispiel von Jesus ist der Beweis dafür, dass diese beiden Elemente bedeutsamer waren als Gott. Die guten Taten sowie die Barmherzigkeit und Liebe Gottes zur Kreatur namens Mensch waren einfach vergessen.

Als Autor geht es mir hier darum, zu zeigen, wie groß die Wirkung des Menschen auf die heilige Botschaft Gottes war. Glücklicherweise war die Motivation der Priester während des babylonischen Exils und kurz danach Gott gegenüber positiv eingestellt. Sie sorgten dafür, dass der Monotheismus unter den Juden wieder zurückkam. Kein anderer kennt die im Herzen des Menschen innewohnende Intention außer Gott. Deshalb wurden diese Propheten koranisch manifestiert. In Sure 2, Vers 136 heißt es: ***„Sagt: Wir glauben an Gott und (an das), was (als Offenbarung) zu uns, und was zu Abraham, Ismael, Isaak, Jakob und den Stämmen (Israels) herabgesandt worden ist, und was Mose und Jesus und die Propheten von ihrem Herrn erhalten haben, ohne dass wir bei einem von ihnen (den anderen gegenüber) einen Unterschied machen. Ihm sind wir ergeben.'“***

3.2 Jahwe aus islamischer Sicht

Bevor ich auf die Koranzitate eingehe, möchte ich hier auf die Bedeutung dieser Offenbarung Gottes für die Muslime hinweisen. Die Verse des Heiligen Buches der Muslime, des Koran, sind keine Übermittlung durch den Heiligen Geist, sondern eine konkrete Vermittlung über den Erzengel Gabriel an den Propheten Mohammed. Die Wirkungsweise des Heiligen Geistes ist in der Tat eines der größten Geschenke Gottes an die Kreatur, jedoch nur solange die Wirkung ausschließlich zwischen Gott und dem Individuum bleibt. Schaltet sich eine dritte Person ein, d.h. gibt der Mensch diese Wirkung weiter, so kann erst hier der Missbrauch dieser göttlichen Wirkung vom menschlichen Empfänger beginnen. Der Prophet Mohammed war, was historisch bewiesen ist, ein Analphabet, der sein ganzes Leben lang weder lesen noch schreiben konnte, und er hat es nie gelernt, geschweige denn, dass er in irgend einer Form gebildet war.

Die Juden nennen den Allmächtigen Jahwe, die Muslime nennen ihn Allah (der eine Gott). Manche Europäer verstehen unter „Allah" einen fremden Gott, der von den Muslimen erfunden worden ist analog zu Buddha. Wenn ich die Übersetzung für den Begriff „Gott", also den Namen Gottes, in den europäischen Sprachen aufzähle, z.B. dieu, god, Gott, so sind diese Namen genauso verschieden. Die meisten vergessen, dass die Bezeichnung Gottes sprachabhängig ist. Wer ist dieser Gott aus islamischer Sicht? Die 112. Sure definiert, wer Gott für die Muslime ist. ***„1 Sag: Er ist Gott, ein Einziger, 2 ein ewig lebender Gott, 3 Er hat weder gezeugt, noch ist er gezeugt worden. 4***

Und keiner ist ihm gleich.“ Dieser eine Gott hat den gesamten Kosmos geschaffen. Um einen winzigen Teil seiner Macht zu erleben, muss man den folgenden Sachverhalt bewusst wahrnehmen. Jeder Stern, den man in der Nacht am Kimmel erblickt, ist nicht ein einziger Stern, sondern eine ganze Galaxie, die milliardenmal größer als unsere eigene Milchstraße. Allerdings braucht das Licht von dort bis zu uns viele Milliarden Lichtjahre und wie schnell ist das Licht in Wahrheit? Es legt 300 000 km in einer Sekunde zurück. In Europa neigt man dazu, solche Inhalte als „Natur“ zu bezeichnen. Wer hat aber diese Natur geschaffen? Es ist Gott.

3.3 Die Echtheit der islamischen Offenbarung

Der Prophet Mohammed wurde im Jahr 570 n. Chr. geboren. Als er 40 Jahre alt war, hat er in der Höhle Hira` bei Mekka meditiert. In der vorislamischen Zeit standen Dichtungen sehr hoch im Kurs. Damals stickte man die sieben besten Gedichte des Jahres auf Seide und hängte sie über die Kaaba. Eines Tages erschien Mohammed ein starker großer Mann, hielt ihm ein Tuch hin, worauf etwas geschrieben war und forderte ihn zum Lesen auf. Der Prophet sagte, dass er nicht lesen könne, da er ja ein Analphabet sei, was historisch bewiesen ist. Nach der dritten Aufforderung zum Lesen hat ihn der Erzengel Gabriel so fest umarmt, dass wie der Prophet später berichtete, seine Seele fast bei dieser festen Umarmung den Körper verlassen hätte. Dabei hauchte er ihm die erste koranische Sure ein. Dies ist die 96. Sure. Sie lautet: ***„1 Trag vor im Namen deines Herrn, der erschaffen hat, 2 den Menschen aus einem Embryo erschaffen hat!“*** (Sure 96, V.1-2) In der Originalsprache heißt es: ***„den Menschen aus der Hängenden erschaffen hat“***. Unter der „Hängenden“ versteht man folgendes: Wenn das weibliche Ei in der Gebärmutter der Frau mit dem Spermium des Mannes befruchtet wird, bildet sich die Zygote, die sich sofort nach der Befruchtung mit dem Spermium an die Gebärmutterwand im Inneren hängt. An diesem Punkt entsteht später die Nabelschnur zwischen Mutter und Kind. Diese Erkenntnisse wurden offenbart im Jahr 610 n.Chr., als es noch keine Mikroskope gegeben hatte und dieses Wissen überhaupt nicht vorhanden war. Dies ist ein exemplarisches Beispiel von mehreren anderen, die darauf hinweisen, dass diese Offenbarung Gottes tatsächlich von Gott stammt. Ein weiteres Beispiel für das Göttliche dieses Heiligen Buches wird im folgenden aufgeführt. In der 79. Sure in Vers 30 steht: „***30 breitete danach die Erde aus wie ein Ei...***“. In der Originalsprache heißt es „dahaha“. „Dahia“ bedeutet „Ei“. In keiner Übersetzung ist dieses „dahaha“ vorhanden, nur im Originalkoran in der arabischen Sprache. Mit anderen Worten, Gott hat der Erde die Struktur eines Eies auferlegt. In der 29. Sure (Die Spinne), Vers 41, heißt es: ***„41 Diejenigen, die sich an Gottes Statt Freunde nehmen, sind einer weiblichen Spinne zu vergleichen, die sich ein Haus gemacht (w. genommen) hat. Das schwächste Haus (das man sich denken kann) ist das der Spinne. Wenn sie nur Bescheid wüßten!“***

In diesem Vers handelt es sich um die weibliche Spinne, die das Netz webt und nicht die männliche. Dass das Spinnenweibchen das Netz webt, ist eine der relativ modernsten Erkenntnisse in der Biologie in der heutigen Zeit. Man muss bedenken, dass diese drei oben erwähnten Beispiele mekkanische Suren sind, die in der Zeit zwischen 610 und 622 geoffenbart wurden, in der der Prophet vor der Auswanderung nach Medina in Mekka lebte. Dieses Wissen war zu dieser Zeit nicht vorhanden. Hierin liegt m.E. ein eindeutiger Beweis für das Göttliche in der koranischen Offenbarung.

Das historische Wissen über frühere Offenbarungen war dem Propheten Mohammed in Anbetracht dessen, dass er ein ungebildeter Mensch war, unbekannt. 13 Jahre nach dem Tode des Propheten wurde der Koran vom Kalifen Uthman nur kodifiziert, d.h. die einzelnen Suren wurden gesammelt und zu einem Buch zusammengestellt. In der Zeit der Dichtungen lernte man die koranischen Suren sehr schnell auswendig. Auch diejenigen, die weder lesen noch schreiben konnten, besaßen die Fähigkeit, das Gehörte relativ schnell auswendig zu beherrschen. Damals wurden die Suren dem Propheten über den Erzengel Gabriel in seinen Geist eingehaucht und er rezitierte den wenigen Muslimen in Mekka die eingehauchten Suren. Manche schrieben die Suren auf und andere lernten sie sofort auswendig. In der Zeit des 3. Kalifen Uthman wurde der Koran kodifiziert. Dazu mussten vier Personen unabhängig voneinander die Koranverse auswendig rezitieren. Haben alle vier Personen exakt den gleichen Inhalt dieser Verse von sich gegeben, so waren diese echt und wurden niedergeschrieben. Auf diese Weise erstellte man das gesamte Buch. Den einzelnen Kapiteln (Suren) wurden vom Menschen je nach Inhalt Namen gegeben. Dieser kodifizierte Koran ist bis heute exakt in dieser Form ohne jegliche Änderung unverfälscht geblieben. Mit anderen Worten, die Entstehungsproblematik, wie es sie sowohl beim Alten als auch beim Neuen Testament gibt, ist dem Koran absolut fremd. Während Altes und Neues Testament über 1000 Jahre für ihre Entstehung benötigten, wurde der Koran ab dem Jahr 610 bis zum 8. Juni 632 n.Chr. (Tod des Propheten) empfangen. So gesehen wurde der Koran in einem Zeitraum von 22 Jahren manifestiert. Um dieses Heilige Buch richtig verstehen zu können, muss man jeweils die historische Problematik, die hinter jedem geoffenbarten Vers steckt, kennen. Das ist der Grund dafür, warum es für den nicht eingeweihten Leser keine klare Struktur gibt.

Dass Gott gerade hier einen Unwissenden erwählt hat, stellt die Parallele zur Jungfrau Maria dar. Sowohl Mohammed als auch Maria mussten ihre von Gott gegebene Offenbarung unverfälscht an die Menschen weitergeben. Für unseren Propheten ist das das Heilige Buch, der Koran, die Offenbarung der Muslime, für die Christen ist das Christus.

Als die Verse des Heiligen Buches offenbart wurden, stellten diese von der sprachlichen Struktur und Fähigkeit her alle anderen Gedichte in den Schatten geschweige denn der theologische Inhalt. Deshalb blieben die koranischen Verse seit dem Jahr 610, indem sie erstmals empfangen worden sind, bis heute in ihrer ursprünglichen Form unverfälscht, denn diese sind die Offenbarung Gottes an die Muslime und gerade in diesem Heiligen Buch werden sowohl das Judentum als auch das Christentum bestätigt.

Natürlich muss man an kein Heiliges Buch und an keine Botschaft Gottes glauben und trotzdem darf man seine Gaben genießen. Gott zwingt keinen Menschen dazu, an ihn zu glauben, denn der Mensch trägt die eigene Verantwortung Gott gegenüber für sich selbst. Wenn Gott gewollt hätte, hätte er aus uns Menschen lauter Engel gemacht, aber er gab uns den Verstand, um ihn hinter seinen Werken zu erkennen. Am Jüngsten Tag kommt dann die Abrechnung. Dass er ein barmherziger Gott ist, beweist die Tatsache, dass er sich uns geoffenbart hat. Gerade Jesus stellt für uns Muslime den Beweis für die Liebe und Barmherzigkeit Gottes dar. Jeder menschliche Versuch, Gott in irgendeiner Form zu erfassen, ist zum Scheitern verurteilt, denn seit wann kann ein Tisch seinen Tischler erfassen bzw. die Kreatur ihren Schöpfer? Nach diesem Exkurs kehren wir zur religiösen Situation in der vorabrahamischen Zeit zurück.

Dass Abrahams Vater sogar an andere Götter als an Jahwe geglaubt hat, beweisen folgende koranische Verse in Sure 19, wobei ich den Leser darum bitte, nicht zu vergessen, dass diese Verse die Worte Gottes darstellen und niemals von einem Analphabeten, dem Propheten Mohammed, stammen können und wie bereits erwähnt, bis heute historisch unverfälscht geblieben sind: ***„41 Und gedenke in der Schrift des Abraham! Er war ein Wahrhaftiger (?) und ein Prophet. 42 (Damals) als er zu seinem Vater sagte: 'Vater! Warum verehrst du etwas, was weder hört noch sieht noch dir (irgend) etwas hilft (w. Warum dienst du Wesen, die weder hören noch sehen noch dir (irgend) etwas helfen)? 43 Vater! Ich habe Wissen erhalten, das du nicht erhalten hast. Folge mir, dann führe ich dich einen ebenen Weg! 44 Vater! Diene nicht dem Satan! Der Satan ist gegen den Barmherzigen widerspenstig. 45 Vater! Ich fürchte, dass du vom Barmherzigen eine Strafe erleiden und daraufhin ein Freund des Satans werden wirst.' 46 Er sagte: 'Willst du denn meine Götter verschmähen, Abraham? Wenn du (damit) nicht aufhörst, werde ich dich bestimmt steinigen (d.h. mit Steinwürfen verjagen). Laß dich eine Zeitlang nicht mehr vor mir blicken (w. Meide mich geraume Zeit)!' 47 Abraham (w. Er) sagte: 'Heil sei über dir! Ich werde meinen Herrn für dich um Vergebung bitten. Er ist mir gnädig gesinnt (?) (und wird meine Bitte nicht abschlagen).“***

Dieser Dialog bestätigt exakt die Aussagen über die religiöse Situation der Stämme in der vorabrahamischen Zeit. Hier muss die Problematik des Unterschied zwischen Propheten und Priestern artikuliert werden. Wenn ein Priester auf einmal von Jahwe spricht und die eigentliche Quelle, die des wahren Empfängers der göttlichen Botschaft, den Propheten, verschweigt, so will er damit das eigene Image auf Kosten der Religion, die er vertritt, aufpolieren, als ob er derjenige ist, der auf den wahren Gott von allein gekommen ist. So muss diese Lücke über die Bekanntgabe Jahwes entstanden sein. Hierzu müssen die Probleme erwähnt werden, die Jesus mit den jüdischen Priestern im Tempel hatte. Seine Vorgehensweise gegen diese zeigt uns den Unterschied zwischen dem Empfänger einer göttlichen Botschaft, in diesem Falle Jesus, und den jüdischen Priestern, die alles andere als im Namen Jahwes gehandelt haben. Ein weiteres Beispiel für die Vielgötterei in der vorabrahamischen Zeit zeigen folgende koranische Verse in Sure 29: ***„16 Und Abraham (haben wir als unseren Boten gesandt). (Damals) als er zu seinen Leuten sagte: 'Dienet Gott und fürchtet ihn! Das ist besser für euch (als andere Wesen an seiner Statt zu verehren), wenn (anders) ihr (richtig zu urteilen) wißt. 17 Ihr dienet an Gottes Statt (bloßen) Götzen und setzt (damit) eine Lüge in die Welt. Diejenigen, denen ihr an Gottes Statt dienet, vermögen euch keinen Lebensunterhalt (zu bescheren). Gott (allein) müßt ihr um den Lebensunterhalt angehen (w. Bei Gott müßt ihr nach dem Lebensunterhalt streben). Ihm (allein) müßt ihr dienen und dankbar sein. Und zu ihm werdet ihr (dereinst) zurückgebracht.“***

Abraham, der in Ur, eine sumerische Stadt in Südmesopotamien, lebte, bekam laut Altem Testament den Befehl von Gott, auszuwandern. In Gen 12, 1-2 heißt es: ***„1 Und der HERR sprach zu Abram: Gehe aus deinem Vaterlande und von deiner Freundschaft und aus deines Vaters Hause in ein Land, das ich dir zeigen will. 2 Und ich will dich zum großen Volk machen und will dich segnen und dir einen großen Namen machen, und sollst ein Segen sein.“*** Die alttestamentlichen Verse bezeugen exakt das, was die jüngste abrahamische Religion, der Islam, von sich über Abraham geoffenbart hat. Diese Aussagen in der Genesis sind ein Beweis für die Barmherzigkeit Jahwes uns Menschen gegenüber. Für dieses Geschenk hätten wir Menschen heute, vor allem Priester und Theologen, Abraham gegenüber etwas mehr Dankbarkeit zeigen können, indem man ihn in der Literatur als den Empfänger dieser göttlichen Gnade anerkennt.

Die Tatsache, dass der Priester mehr an sich selbst als an Gott denkt, hat immer zu Abweichungen innerhalb einer Religion geführt. Gott musste sich nach der abrahamischen Offenbarung noch weitere dreimal offenbaren, nämlich über die Gesandten Moses, Jesus und den Propheten Mohammed. Die Konsequenz aus diesem Tatbestand ist, dass der Islam weder Kirche noch Amt kennt und erst recht keinen Priester braucht. Hier kann das Individuum seinen direkten Weg zu Gott nehmen, ohne einen Übermittler zu benötigen. Der Imam in der islamischen Glaubenslehre ist nichts anderes als ein Koordinator des rituellen Gebetes. Koordiniert werden hier nur die Bewegungen der Betenden. Die islamischen Bedingungen für einen Imam lauten:

- Er muss ein Muslim sein.

- Er muss volljährig sein, wobei der Begriff der Volljährigkeit islamisch anders definiert ist als das im Abendland der Fall ist. Als der Prophet gefragt wurde, ab wann ein minderjähriges Kind als volljährig gilt, so antwortete er: „Wenn man es mit Erwachsenenaufgaben beauftragen kann und es diese ohne Probleme durchführt, so gilt es als volljährig. Beauftragt man einen Greis mit Erwachsenenaufgaben, die er nicht erfüllen kann, so gilt er als nicht volljährig.“

- Er darf nicht als geistesgestört bekannt sein.

So gesehen kann jeder Muslim, der diese drei Bedingungen erfüllt, die Rolle des Imams übernehmen. Hier muss erwähnt werden, dass manche Imame in der Diasporasituation, die sozial gesehen nicht gerade mit ihrer beruflichen und sozialen Lage sehr glücklich sind, versuchen, ihr Image aufzupolieren, indem sie sich als die Analogie zu den christlichen Priestern an die nicht eingeweihten Europäer verkaufen. Klar, ihre Führungsposition innerhalb der islamischen Gemeinde und deren Akzeptanz gegenüber Nichtmuslimen als islamische Priester bringt ihnen so viel Genugtuung, dass sie ihre soziale Wahrheit sich selbst gegenüber bestens verschleiern können. Und nun wieder zurück zu Abraham:

Abrahams Frau Sara konnte keine Kinder gebären, deshalb nahm sich Abraham eine ägyptische Magd namens Hagar. Diese schenkte ihm seinen ersten Sohn Ismael. Abraham verstieß leider Hagar, als sie mit Ismael schwanger war und sie gebar das Kind in der Gegend, wo heute Mekka ist. Sie befand sich auf einem Hügel und glaubte, an einem gegenüberliegenden Hügel Wasser zu sehen. So rannte sie mit ihrem Kind hin um festzustellen, dass dies eine Fata Morgana war. Auf diese Weise bewegte sie sich mit dem neugeborenen Kind siebenmal zwischen den beiden Hügel Safa und Marwa hin und her, bis Gott ihr aus dem Brunnen Zamzam Wasser schenkte. Dazu sagt der Koran folgendes: ***„99 Und Abraham (w. er) sagte: 'Ich will (jetzt) zu meinem Herrn gehen. Er wird mich rechtleiten. 100 Herr! Schenk mir einen von den Rechtschaffenen (als Leibeserben)!' 101 Und wir verkündeten ihm einen braven (w. milden) Jungen. 102 Als er nun so weit (herangewachsen) war, dass er mit ihm (d.h. mit*** *seinem Vater Abraham) den Lauf (zwischen as-Safa und al-Marwa?) machen konnte (oder: dass er mit ihm zur Arbeit gehen konnte?), sagte Abraham (w. er): 'Mein Sohn! Ich sah im Traum, dass ich dich schlachten werde. Überleg (w. Sieh) jetzt (und sag), was du (dazu) meinst!' Er sagte: 'Vater! Tu, was dir befohlen wird! Du wirst, so Gott will, finden, dass ich (einer) von denen bin, die (viel) aushalten können.' 103 Als nun die beiden sich (in Gottes Willen) ergeben hatten und er ihn (d.h. Abraham seinen Sohn) auf die Stirn niedergeworfen hatte (um ihn zu schlachten), 104 riefen wir ihn an: 'Abraham! 105 Du hast (durch deine Bereitschaft zur Schlachtung deines Sohnes) den Traum (den du gehabt hast) wahr gemacht. (Damit soll es sein Bewenden haben.)' So vergelten wir denen, die fromm sind. 106 Das ist die offensichtliche Prüfung (die wir Abraham auferlegt haben). 107 Und wir lösten ihn (d.h. seinen Sohn, der geschlachtet werden sollte) mit einem gewaltigen Schlachtopfer aus. 108 Und wir hinterließen ihm (als Vermächtnis) unter den späteren (Generationen den Segenswunsch): 109 'Heil sei über Abraham!' 110 So vergelten wir denen, die fromm sind. 111 Er ist (einer) von unseren gläubigen Dienern. 112 Und wir verkündeten ihm Isaak, (und) dass er ein Prophet sein werde, einer von den Rechtschaffenen. 113 Und wir erteilten ihm und Isaak (unseren) Segen. Unter ihrer Nachkommenschaft gibt es nun welche, die fromm sind, aber auch welche, die (mit ihrer Verstocktheit) offensichtlich gegen sich selber freveln.“* (Sure 37, 99-113)

Das Wandern zwischen Safa und Marwa ist heute ein Ritus der islamischen Pilgerfahrt. Die Saudi-Araber errichteten einen geschlossenen klimatisierten Gang zwischen den beiden Hügeln, in dem die Pilger siebenmal hin- und herwandern. Der Brunnen Zamzam sprudelt bis heute noch und liefert wunderbar klares Wasser zum Trinken und für die rituellen Waschungen bei Mekka. Diesen Vorgang durften meine Frau und ich bei unserer Pilgerreise am eigenen Leib erleben. Der Schoß Abrahams ist eine Bezeichnung für das Umfeld des würfelähnlichen Gebäudes, der Kaaba, die erste Moschee, die von Abraham erbaut worden ist. Dazu muss erwähnt werden, dass dies die einzige Moschee auf der Erde ist, in der es keine Geschlechtertrennung während des rituellen Gebetes gibt. Dort beteten meine Frau und ich auch zusammen mit unseren gemeinsamen Kindern nebeneinander. Nach dem rituellen Gebet schaute mich unser 11-jähriger Sohn mit Augen voller Tränen an und fragte mich, warum er weine. Ich antwortete ihm, weil Gott ihn lieb hat. An diesem Ort war die Atmosphäre so elektrifiziert bzw. so geheiligt, dass man nur noch an Gott dachte. Dieses Gefühl haben wir alle einander im Nachhinein bestätigt. Keiner von uns hat jemals danach dieses Gefühl wieder erlebt.

Hier muss die Problematik zwischen Juden und Muslimen erwähnt werden. Die Juden meinen, dass Abraham seinen Sohn Isaak für Gott opfern sollte. Das kann aus uralter Tradition, die bis heute noch ihre Gültigkeit hat, nicht sein, denn der erste Sohn, gleichgültig, von welcher Frau er geboren wurde, ist automatisch der Vertreter seines Vaters. Wie bereits erwähnt, ist das im Nahen Osten bis heute noch der Fall und das über die religiösen Grenzen hinweg. Das ist das Recht des erstgeborenen Sohnes, auch wenn die Mutter eine Sklavin ist. Wenn der Koran ein Menschenwerk wäre, hätte Isaak darin überhaupt nicht erwähnt werden müssen. Da er aber die Wahrheit ist, die von Gott uns Menschen über den Propheten Mohammed übermittelt worden ist, wird Isaak darin erwähnt. Hierzu muss gesagt werden, dass Ismael, der Sohn Hagars, ethnisch gesehen der Stammvater der Araber und Isaak der Stammvater aller Juden ist.

Dass Gott ausgerechnet Abraham als Offenbarungsträger erwählte, darin ist eine Lehre für die Menschheit zu erkennen. Die Entscheidung des Allmächtigen steht über allem. Seine Souveränität ist unantastbar wie folgender koranischer Vers beweist: ***„83 Das ist unser Beweisgrund, den wir dem Abraham (im Streit) gegen seine Leute (an die Hand) gaben. (Wir haben Abraham besonders ausgezeichnet.) Wir verleihen, wem wir wollen, einen höheren Rang (als den anderen). Dein Herr ist weise und weiß Bescheid. 84 Und wir schenkten ihm den Isaak und Jakob. Jeden (von ihnen) haben wir rechtgeleitet. Und den Noah haben wir (schon) früher rechtgeleitet, und aus seiner Nachkommenschaft (oder: und (weiter) auch Leute aus seiner Nachkommenschaft:) den David, Salomo, Hiob, Joseph, Mose und Aaron. So vergelten wir denen, die fromm sind. 85 Und den Zacharias, Johannes, Jesus und Elias (haben wir rechtgeleitet) - jeder (von ihnen) gehört zu den Rechtschaffenen. 86 Und (weiter) den Ismael, Elisa, Jonas und Lot. Jeden (von ihnen) haben wir vor den Menschen in aller Welt ausgezeichnet“*** (Sure 6, 83-86).

Laut islamischen Aussagen hat Abraham Gott gegenüber seinen Gehorsam erwiesen, indem er seinen Traum realisieren wollte. Er träumte, er müsste seinen erstgeborenen Sohn Gott opfern. Er erzählte das Ismael und dieser war bereit, sich Gott opfern zu lassen. Als der Befehl in die Tat umgesetzt werden sollte, erschien der Erzengel Gabriel mit einem Widder, der anstelle des Sohnes geopfert werden sollte. Hier ist das Fundament für das islamische Opferfest, an dem jede muslimische Familie einen Widder, eine Ziege oder ein Schaf opfert, dessen Fleisch unter den Armen verteilt werden sollte. Als Belohnung für Abrahams Gehorsam Gott gegenüber ist folgender koranischer Vers zu erwähnen: „***Und (damals) als Abraham von seinem Herrn mit Worten auf die Probe gestellt wurde! Und er (d.h. Gott?) erfüllte sie. Er sagte: 'Ich will dich zu einem Vorbild für die Menschen machen.' Abraham (w. Er) sagte: '(Bezieh in deine Verheißung) auch Leute von meiner Nachkommenschaft (ein)!'...***" (Sure 2, 124).

Ob Jahwe tatsächlich sich für diese Gemeinschaft der Israeliten zuständig erklärt hat, muss in Frage gestellt werden. Es ist mehr der Wunsch des Individuums, Gott für sich allein zu beanspruchen. Keiner, der nicht zur eigenen Sippe oder zum eigenen Volk gehört, darf den eigenen Gott beanspruchen. Diese menschliche Eigenschaft hat mit dem Gott Abrahams nichts zu tun. Hierin liegt der erste Versuch bei den Trägern der Offenbarungsreligionen, Gott für eine bestimmte Minderheit in Anspruch zu nehmen. Ob der Allmächtige das mit sich machen läßt, ist eine völlig andere Frage und diese wird mit einem eindeutigen Nein beantwortet, denn seine Souveränität steht über allem.

Dass Jahwe hier einen Nutzen für diejenigen Stämme, die an ihn geglaubt haben, hatte, liegt klar auf der Hand. Endlich bekamen diese verschiedenen Stämme eine gewisse Struktur für die eigene Identität. Er wurde ihr Bindeglied. Deshalb begann man, das Land Israel in Besitz zu nehmen. Folgende Verse aus dem Alten Testament beweisen diese Aussage: ***„1 Josua versammelte alle Stämme Israels gen***

Sichem und berief die Ältesten von Israel, die Häupter, Richter und Amtleute. Und da sie vor Gott getreten waren, 2 sprach er zum ganzen Volk: So sagt der HERR, der Gott Israels: Eure Väter wohnten vorzeiten jenseits des Stroms, Tharah, Abrahams und Nahors Vater, und dienten andern Göttern. 3 Da nahm ich euren Vater Abraham jenseits des Stroms und ließ ihn wandern im ganzen Land Kanaan und mehrte ihm seinen Samen und gab ihm Isaak...“ (Jos 24, 1-3).

Wie ist der Glaube des Menschen an Jahwe entstanden? Nach der abendländischen Literatur gibt es eine Gemeinschaft des Namens „Israel“ erst, seit sich Kleinviehhirten von sehr unterschiedlicher, meist aramäischer Herkunft, die zuvor teils in der syrisch-arabischen Wüste, teils im Negev und weiter südlich nomadisierten, im Kulturland Palästina für dauernd niederließen. Vor dieser Landnahme gab es keine Gemeinschaft „Israel“, sondern nur einzelne Sippen und Stämme, die ihr Eigenleben führten. Mithin ist die Formel „Jahwe, der Gott Israels“ erst von der Landnahme an möglich. Mehr läßt sich über die Herkunft dieser Gottheit sagen: Jahwe und der Berg Sinai gehören zusammen. Wo dieser Berg Sinai, möglicherweise ein - jetzt erloschener - Vulkan, zu suchen ist, ist freilich wieder umstritten; gegenüber der traditionellen Ansetzung auf der später nach dem Berge benannten Sinai-Halbinsel - auf der es aber nie Vulkane gab - hat jene andere Lokalisierung an Boden gewonnen, die den Berg in Nordwestarabien, etwa 200 km südöstlich von el-`Aqaba sucht. Jahwe ist anscheinend schon längst, bevor es eine Gemeinschaft „Israel“ gab, als die Gottheit dieses Berges verehrt worden. Man nimmt gern an, die Midianiter, speziell die Keniter, seien vorisraelitische Verehrer des Sinai-Gottes Jahwe gewesen.

War Jahwe eine Berg- bzw. Vulkangottheit, so war er an die betreffende Lokalität gebunden; um ihn zu verehren, musste man sein Heiligtum aufsuchen. Vermutlich war das Heiligtum „Berg Sinai“ eine Wallfahrtsstätte für viele in der näheren, aber auch in der weiteren Umgebung zeltenden Stämme. So mögen auch in historisch nicht mehr fassbarer Zeit Sippen oder Stämme aramäischer Abkunft, die später in den Verband „Israel“ integriert wurden, diesen heiligen Berg als ein vielleicht weithin berühmtes Heiligtum aufgesucht haben. Dort widerfuhr ihnen dann ein Erlebnis, das sie veranlasste, den Gott Jahwe vom Sinai fortan als ihre Gottheit zu verehren. Die Richtigkeit dieser Sicht - die freilich hypothetisch bleibt - vorausgesetzt, stünden wir vor einem nicht allzu selten zu beobachtenden Vorgang: Eine Gottheit, die an eine bestimmte Lokalität (Berg, Baum, Hain, Quelle u. ä.) gebunden ist, findet dadurch neue Verehrer, dass Menschen, die diese Stätte bisher nicht gekannt oder noch nicht aufgesucht hatten, nunmehr das betreffende Heiligtum besuchen und fortan die kultische Verehrung der dort wohnenden Gottheit als für sich selbst bindend und verpflichtend anerkennen (vgl. Heiler 1982).

Bei dieser Darstellung wurde Abraham völlig vergessen. Die meisten Stämme haben einen gemeinsamen Urvater, nämlich Abraham. In dem harten Kampf seiner Nachkommenschaft um das Überleben, bei dem jedes Individuum seine Nichtigkeit bewusst wahrnimmt, vor allem in der Unendlichkeit der Wüste, deren Grenzen von Himmel und Erde, wo sich beide optisch berühren, konkretisiert werden, ist die Bereitschaft des Menschen, Gott zu spüren, sehr groß. Dieses harte Umfeld ließ das Individuum an den Gott Abrahams, hebräisch Jahwe, sich festhalten. Inwiefern dieses Wissen über Jahwe von Abraham her bekannt war, ist nach der abendländischen historischen Literatur nicht eindeutig zu beweisen. Für uns Muslime ist Jahwe Gott der Juden, der Christen und der Muslime, eben der abrahamische Gott, der sich der Menschheit geoffenbart hat. Es muss erwähnt werden, dass die koranische Darstellung in sich logisch ist in Anbetracht der Tatsache, dass der Islam keine Priester kennt, die die Religion für das eigene Ansehen missbrauchen. So passen alle Fakten historisch und theologisch koranisch sehr gut zusammen. Dass diese Aussagen des Koran von den nichtmuslimischen Theologen übernommen wurden, hat mit der historischen Problematik der Religionen zu tun, denn die ältere abrahamische Religion erkennt die jüngeren, die nach ihr kommen, nicht mehr an.

3.4 Eigenschaften Gottes (Jahwe) im Judentum

Das Judentum ist durch einen strengen Monotheismus gekennzeichnet. Grundlage der jüdischen Religion ist das Bekenntnis zu dem einen Gott (Jahwe), dem der Mensch ohne Mittler, d.h. ohne Amt und ohne Amtsinhaber, gegenübersteht und der seinen Willen für die Menschen verbindlich in der Thora niedergelegt hat, deren zentrales Gebot das der Nächstenliebe ist. In Lev 19, 18 heißt es: ***„18 Du sollst nicht rachgierig sein noch Zorn halten gegen die Kinder deines Volks. Du sollst deinen Nächsten lieben wie dich selbst; denn ich bin der HERR.“*** Genau hier liefert Gott den Menschen Hilfestellungen für eine bessere Lebensqualität. Wie würde das Menschenleben ohne Liebe aussehen? Gott gab uns die Ameiseneigenschaften mit auf dem Lebensweg, d.h. wir müssen miteinander umgehen und wir brauchen einander dringend. Das geschieht bereits innerhalb einer Ehe, die den Kern einer Gesellschaft bildet. So gesehen ist die Liebe zueinander das Bindemittel für eine Familie und für die gesamte Gesellschaft. Hierzu muss erwähnt werden, dass kein anderer die Menscheneigenschaften kennt als Gott.

Das Leben des „Frommen in Israel“ ist nach Gottes Willen dazu bestimmt, ihm und seinen Mitmenschen zu dienen, was der eigentliche Inhalt des Begriffes des „Auserwählten Volkes“ ist. Die Welt wird als gute Schöpfung Gottes verstanden, über die der Mensch gesetzt ist, sie zu bebauen und bewahren. Als Bestätigung hierfür gilt Gen 2,15: ***„15 Und Gott der HERR nahm den Menschen und setzte ihn in den Garten Eden, dass er ihn baute und bewahrte.“*** „Garten Eden“ oder der Garten überhaupt ist gerade für die Wüstenbewohner ein Symbol für das Paradies. Hier möchte ich folgende realistische Erfahrung erwähnen: Alle ägyptischen Besucher, die meine Familie und mich in Deutschland besuchten und mit denen wir Fahrten in den Schwarzwald unternommen hatten, meinten, als wir dort waren, sie seien im Paradies. Die Ähnlichkeit zwischen dem Schwarzwald und der koranischen Beschreibung des Paradieses ist nämlich nahezu identisch.

Am Ende der Zeiten wird der aus dem Geschlecht Davids stammende Messias das Reich Gottes als Reich des Friedens für die Juden und die „Gerechten" aus allen Völkern aufrichten. Die jüdischen religiöses Selbstbewusstsein begründenden biblischen Kernereignisse sind Gottes Bundesschluss mit Abraham und seine Verheißung an dessen Nachkommen in Gen 17, 1-5. Dort heißt es: ***„1 Als nun Abram neunundneunzig Jahre alt war, erschien ihm der HERR und sprach zu ihm: Ich bin der allmächtige Gott; wandle vor mir und sei fromm. 2 Und ich will meinen Bund zwischen mir und dir machen und ich will dich gar sehr mehren. 3 Da fiel Abram auf sein Angesicht. Und Gott redete weiter mit ihm und sprach: 4 Siehe, ich bin's und habe meinen Bund mit dir, und du sollst ein Vater vieler Völker werden. 5 Darum sollst du nicht mehr Abram heißen, sondern Abraham soll dein Name sein; denn ich habe dich gemacht zum Vater vieler Völker".*** In der Tat ist sein Sohn Ismael der Urvater aller arabischen Stämme und sein Sohn Isaak der Stammvater aller israelischen Stämme. Diesen Tatbestand hat bereits die jüngste abrahamische Religion, der Islam, als Wahrheit koranisch empfangen.

Es ist bis heute noch im Nahen Osten und gerade früher, wo man in Sippenform gelebt hat, für jeden Mann extrem wichtig, viele Kinder zu haben. Diese sind ein Ausdruck seiner Männlichkeit und sie stellen die Alterssicherheit für beide Eltern dar. So gesehen ist es ein großes Geschenk des Allmächtigen an Abraham, ihn fruchtbar zu machen. Dass daraus sogar Könige werden, ist ein Extrageschenk an Abraham. Folgende Verse des Alten Testament in Genesis 17, 6-9 beweisen dies: ***„6 und will dich gar sehr fruchtbar machen und will von dir Völker machen, und sollen auch Könige von dir kommen. 7 Und ich will aufrichten meinen Bund zwischen mir und dir und deinem Samen nach dir, bei ihren Nachkommen, dass es ein ewiger Bund sei, also dass ich dein Gott sei und deines Samens nach dir, 8 und ich will dir und deinem Samen nach dir geben das Land, darin du ein Fremdling bist, das ganze Land Kanaan, zu ewiger Besitzung, und will ihr Gott sein. 9 Und Gott sprach zu Abraham: So halte nun meinen Bund, du und dein Same nach dir, bei ihren Nachkommen.“***

Kein anderer außer Gott weiß, was für den Menschen gut ist. Die Beschneidung des männlichen Geschlechts ist in einem Umfeld voller Staub und Viren, wie das in der Wüste der Fall ist, als hygienische Vorbeugungsmaßnahme extrem wichtig, denn die Entzündung in der Vorhaut des Unbeschnittenen aufgrund von mangelndem Wasser in der Wüste ist eine schlimme Angelegenheit geschweige denn dass seine Zeugungsfähigkeit dadurch verloren gehen kann. Diese ethnische Verhaltensweise war lange vor der abrahamischen Zeit bereits vorhanden. Gott erhebt ausgerechnet diese ethnische Eigenschaft zum Zeichen seines Bundes mit der Nachkommenschaft Abrahams. Dazu heißt es in Gen 17, 10-14: ***„10 Das ist aber mein Bund, den ihr halten sollt zwischen mir und euch und deinem Samen nach dir: Alles, was männlich ist unter euch, soll beschnitten werden. 11 Ihr sollt aber die Vorhaut an eurem Fleisch*** *beschneiden. Das soll ein Zeichen sein des Bundes zwischen mir und euch. 12 Ein jegliches Knäblein, wenn's acht Tage alt ist, sollt ihr beschneiden bei euren Nachkommen. 13 Beschnitten werden soll alles Gesinde, das dir daheim geboren oder erkauft ist. Und also soll mein Bund an eurem Fleisch sein zum ewigen Bund. 14 Und wo ein Mannsbild nicht wird beschnitten an der Vorhaut seines Fleisches, des Seele soll ausgerottet werden aus seinem Volk, darum dass es meinen Bund unterlassen hat.“*

In Gen 17, 15-27 ist der Beweis dafür, dass sein erster Sohn Ismael der Sohn Hagars war, niedergeschrieben. So gesehen sollte nur der bereits vorhandene Sohn Ismael für Gott geopfert werden. Erst nachdem Vater und Sohn bereit waren, Gottes Wunsch zu erfüllen, setzte der Dialog zwischen Gott und Abraham ein. In diesen Versen aus dem Alten Testament liegt der eindeutige Beweis dafür, dass Ismael derjenige war, der für Gott geopfert werden sollte, denn Isaak kam erst, als Abraham fast 100 Jahre alt wurde. Ein sehr wichtiger Fakt, der die Macht Gottes beweist, ist die Tatsache, dass Abraham mit fast 100 Jahren ein Kind von seiner 90 Jahre alten Frau Sara bekommt. ***„15 Und Gott sprach abermals zu Abraham: Du sollst dein Weib Sarai nicht mehr Sarai heißen, sondern Sara soll ihr Name sein. 16 Denn ich will sie segnen, und auch von ihr will ich dir einen Sohn geben; denn ich will sie segnen, und Völker sollen aus ihr werden und Könige über viele Völker. 17 Da fiel Abraham auf sein Angesicht und lachte, und sprach in seinem Herzen: Soll mir, hundert Jahre alt, ein Kind geboren werden, und Sara, neunzig Jahre alt, gebären? 18 Und Abraham sprach zu Gott: Ach, dass Ismael leben sollte vor dir! 19 Da sprach Gott: Ja, Sara, dein Weib, soll dir einen Sohn gebären, den sollst du Isaak heißen;***

denn mit ihm will ich meinen ewigen Bund aufrichten und mit seinem Samen nach ihm. 20 Dazu um Ismael habe ich dich auch erhört. Siehe, ich habe ihn gesegnet und will ihn fruchtbar machen und mehren gar sehr. Zwölf Fürsten wird er zeugen, und ich will ihn zum großen Volk machen. 21 Aber meinen Bund will ich aufrichten mit Isaak, den dir Sara gebären soll um diese Zeit im andern Jahr. 22 Und er hörte auf, mit ihm zu reden. Und Gott fuhr auf von Abraham. 23 Da nahm Abraham seinen Sohn Ismael und alle Knechte, die daheim geboren, und alle, die erkauft, und alles, was männlich war in seinem Hause, und beschnitt die Vorhaut an ihrem Fleisch ebendesselben Tages, wie ihm Gott gesagt hatte. 24 Und Abraham war neunundneunzig Jahre alt, da er die Vorhaut an seinem Fleisch beschnitt. 25 Ismael aber, sein Sohn, war dreizehn Jahre alt, da seines Fleisches Vorhaut beschnitten ward. 26 Eben auf einen Tag wurden sie alle beschnitten, Abraham, sein Sohn Ismael, 27 und was männlich in seinem Hause war, daheim geboren und erkauft von Fremden; es ward alles mit ihm beschnitten.“

Ein weiterer Beweis für die absolute Macht und Liebe Gottes uns Menschen gegenüber ist die Befreiung der Menschen, die an ihn geglaubt haben, aus dem alten Ägypten. In Ex 3, 1-8, ist ein eindeutiger Beweis für die göttliche Liebe seiner Kreatur gegenüber. Der Schöpfer des Makro- und Mikrokosmos und all dessen, worüber wir sehr wenig wissen im Bereich der Naturwissenschaften schenkt der Kreatur Mensch so viel Aufmerksamkeit wie folgende Verse dies beweisen. Gottes Entscheidungsfreiheit in der Wahl seiner Gesandten wird hier dadurch bewiesen, dass er ausgerechnet einen Schafhirten aussuchte, der sich kurz davor von der weltlichen Macht aufgrund

seiner ethnischen Zugehörigkeit zu den Juden verabschiedet hatte. Genau hier liegt eine Lehre für uns Menschen, dass wir bei unserer Entscheidung die ethnische Zugehörigkeit über viele andere weltliche Dinge setzen sollten. Gerade die ethnische Zugehörigkeit Moses` war zu einem Volk, zu dessen Urvater Abraham sich Gott geoffenbart hat. An diesem Beispiel hat Gott uns gezeigt, dass er immer zu dem, was er uns ankündigte, steht, denn Moses gehört zu der Nachkommenschaft Abrahams. Dieses Paradigma soll für uns eine Lehre sein für das, was er in seinen Botschaften uns angekündigt hat.
„1 Mose aber hütete die Schafe Jethros, seines Schwiegervaters, des Priesters in Midian, und trieb die Schafe hinter die Wüste und kam an den Berg Gottes, Horeb. 2 Und der Engel des HERRN erschien ihm in einer feurigen Flamme aus dem Busch. Und er sah, dass der Busch mit Feuer brannte und ward doch nicht verzehrt; 3 und sprach: ich will dahin und beschauen dies große Gesicht, warum der Busch nicht verbrennt. 4 Da aber der HERR sah, dass er hinging, zu sehen, rief ihm Gott aus dem Busch und sprach: Mose, Mose! Er antwortete: Hier bin ich. 5 Er sprach: Tritt nicht herzu, zieh deine Schuhe aus von deinen Füßen; denn der Ort, darauf du stehst, ist ein heilig Land! 6 Und sprach weiter: Ich bin der Gott deines Vaters, der Gott Abrahams, der Gott Isaaks und der Gott Jakobs. Und Mose verhüllte sein Angesicht; denn er fürchtete sich Gott anzuschauen. 7 Und der HERR sprach: Ich habe gesehen das Elend meines Volkes in Ägypten und habe ihr Geschrei gehört über die, so sie drängen; ich habe ihr Leid erkannt 8 und bin herniedergefahren, dass ich sie errette von der Ägypter Hand und sie ausführe aus diesem Lande in ein gutes und weites Land, in ein Land, darin Milch und Honig fließt, an den Ort der Kanaaniter, Hethiter, Amoriter, Pheresiter, Heviter und Jebusiter.“

Die folgenden Verse in Ex 3, 9ff. beweisen uns, dass Gott alles sieht und alles hört und wie wichtig die Gerechtigkeit für ihn ist. Der Begriff der Gerechtigkeit hier hat faktisch nur eine Bedeutung für den Menschen. Gott hat nichts davon, aber er als Erhabener sorgt dafür, dass seine Kreatur namens Mensch in ihren Genuß kommt. Daraus muss man entnehmen, dass der Allmächtige die volle Verantwortung für seine Schöpfung hat. Gerade das, was uns Menschen als ungerecht erscheint, beispielsweise natürliche Katastrophen, hat seinen höheren Sinn, den wir aus unserem Blickwinkel nicht erkennen können. Mit anderen Worten, wir dürfen, können und müssen ihm voll vertrauen.
„9 Weil nun das Geschrei der Kinder Israel vor mich gekommen ist, und ich auch dazu ihre Angst gesehen habe, wie die Ägypter sie ängsten, 10 so gehe nun hin, ich will dich zu Pharao senden, dass du mein Volk, die Kinder Israel, aus Ägypten führest. 11 Mose sprach zu Gott: Wer bin ich, dass ich zu Pharao gehe und führe die Kinder Israel aus Ägypten? 12 Er sprach: Ich will mit dir sein. Und das soll dir ein Zeichen sein, dass ich dich gesandt habe: Wenn du mein Volk aus Ägypten geführt hast, werdet ihr Gott opfern auf diesem Berge. 13 Mose sprach zu Gott: Siehe, wenn ich zu den Kindern Israel komme und spreche zu ihnen: Der Gott eurer Väter hat mich zu euch gesandt, und sie mir sagen werden: Wie heißt sein Name? was soll ich ihnen sagen? 14 Gott sprach zu Mose: ICH WERDE SEIN, DER ICH SEIN WERDE. Und sprach: Also sollst du den Kindern Israel sagen: ICH WERDE SEIN hat mich zu euch gesandt. 15 Und Gott sprach weiter zu Mose: Also sollst du den Kindern Israel sagen: Der HERR, eurer Väter Gott, der Gott Abrahams, der Gott Isaaks, der Gott Jakobs, hat mich zu euch gesandt. Das ist mein Name ewiglich, dabei soll man mein Gedenken für und für. 16 Darum so gehe hin und versammle die Ältesten in Israel und sprich zu ihnen: Der HERR, euer Väter Gott,

ist mir erschienen, der Gott Abrahams, der Gott Isaaks, der Gott Jakobs, und hat gesagt: Ich habe euch heimgesucht, und gesehen, was euch in Ägypten widerfahren ist, 17 und habe gesagt: ich will euch aus dem Elend Ägyptens führen in das Land der Kanaaniter, Hethiter, Amoriter, Pheresiter, Heviter und Jebusiter, in das Land, darin Milch und Honig fließt. 18 Und wenn sie deine Stimme hören, so sollst du und die Ältesten in Israel hineingehen zum König in Ägypten und zu ihm sagen: Der HERR, der Hebräer Gott, hat uns gerufen. So laß uns nun gehen drei Tagereisen in die Wüste, dass wir opfern unserm Gott. 19 Aber ich weiß, dass euch der König in Ägypten nicht wird ziehen lassen, außer durch eine starke Hand. 20 Denn ich werde meine Hand ausstrecken und Ägypten schlagen mit allerlei Wundern, die ich darin tun werde. Darnach wird er euch ziehen lassen. 21 Und ich will diesem Volk Gnade geben vor den Ägyptern, dass, wenn ihr auszieht, ihr nicht leer auszieht; 22 sondern ein jeglich Weib soll von ihrer Nachbarin und Hausgenossin fordern silberne und goldene Gefäße und Kleider; die sollt ihr auf eure Söhne und Töchter legen und von den Ägyptern zur Beute nehmen.“ In den beiden oben erwähnten Versen 13 und 14 liegt eine sehr wichtige Lehre für uns Menschen. Sie lautet: Jeder Versuch, ihn zu erfassen, ist eine Gotteslästerung. Schon eine Namengebung beinhaltet gewollt oder ungewollt eine Portion Erfassung. Daraus folgt, dass jede menschliche Eigenschaft, die der Mensch auf ihn überträgt, gleichgültig, wie gut das gemeint ist, absolut blasphemisch ist. Schon die Bezeichnung „Vater“ unabhängig von der Intention, ist eine Erniedrigung für den Allmächtigen. Damit holt man ihn auf die Ebene der Kreatur herab.

In Ex 14, 16 liegt ein Beweis für die Allmacht Gottes. Es ist das Selbstverständlichste, dass Gott zu einer Sache sagt: Es soll! Und es wird. ***„16 Du aber hebe deinen Stab auf und recke deine Hand aus über das Meer und teile es voneinander, dass die Kinder Israel hineingehen, mitten hindurch auf dem Trockenen.“***

Dogmen und damit eine Dogmatik im eigentlichen Sinn kennt das Judentum nicht. Welcher jüdische Mensch käme auf die Idee, nachdem was die Juden mit Gott in positiver Weise erfahren und erlebt haben, irgendwelche Dogmen zu erlassen. Klar, das Verstehen dessen, was Gott uns gegeben hat, das bereits in der Thora und im Talmud vorgegeben ist, kann von Menschengruppe zu Menschengruppe inhaltlich leicht variieren. Deshalb ist kennzeichnend für das jüdische theologische Denken die durch die Jahrhunderte ununterbrochene Diskussion und Interpretation der in Thora und Talmud vorgegebenen Tradition durch die verschiedenen rabbinischen Schulen. Die jüdische Orthodoxie sieht dabei neben der Thora als der wörtlichen Offenbarung Gottes auch den Talmud als von Gott geoffenbart und damit in seinem Gesetzesbestand unveränderlich an, während das Reformjudentum in ihm den von jeder Generation neu unternommenen Versuch sieht, die Thora im jeweils konkreten historischen und soziokulturellen Lebensumfeld der Gemeinde auszulegen. Bei diesem Begriff „auslegen“ ist äußerste Vorsicht geboten. Einerseits ist das nicht im Sinne des Allmächtigen, den Menschen in seiner historischen Entwicklung festzunageln, andererseits ist eine elementare Veränderung seiner Botschaft für die nachkommenden Generationen eine schlimme Form des Unglaubens. Um die goldene Mitte zu finden, schenkte Gott uns den Verstand, mit dessen Hilfe wir das Elementarste in seiner Sendung erkennen und dieses auf das aktuelle Umfeld, in dem man lebt, anwendet. Gerade bei dieser Umsetzung spielt die menschliche Intention eine sehr wichtige Rolle, d.h. wenn der Mensch ohne böse Absicht irgendetwas falsch auslegt in der Botschaft Gottes, so ist Gott der größte Vergebende und er kennt jede Absicht eines jeden Individuums, bevor dieses selbst das erfährt. Von daher gesehen wäre jeder Rabbiner, Priester oder Imam dafür verantwortlich, bei der Umsetzung der religiösen Inhalte auf den Raum und die Zeit, in denen er gerade existiert, sein Bestes zu tun. Ist das wirklich der Fall?? Die göttliche Botschaft, gleichgültig, von welcher Offenbarungsreligion, müsste wie der eigene Augapfel behütet und vor allem unverfälscht der nächsten Generation weitergegeben werden, denn es ist das göttliche Recht der Jugend, in den Genuß seiner göttlichen Wahrnehmung zu gelangen. Die Tatsache, dass Gott sich uns Menschen über seine Gesandten geoffenbart hat, ist das höchste Gut, was jemals die Menschen erfuhren.

Im Judentum ist der Rabbiner vor allem Lehrer und Prediger der Gemeinde und entscheidet religionsgesetzliche Fragen. Träger des religiösen Lebens ist die Gemeinde, die in der Gestaltung ihres religiösen und sozialen Lebens selbstständig ist. Eine oberste autoritative Instanz in Glaubensfragen und Sakramenten kennt das Judentum nicht. Inwiefern das wirklich stimmt, muss dahingestellt sein, denn das eigene Ego des Menschen wirkt am allerstärksten nach dem unmittelbaren Ende einer Offenbarung Gottes. Die Motive dazu sind nicht einmal von negativer Natur. Der Beweis für diese Behauptung ist die Zersplitterung des Judentums lange vor Christi Geburt. Wie es dazu gekommen ist, ist meistens eine unangenehme Angelegenheit für die Historiker, die der entsprechenden

Glaubenslehre angehören. Auch im Islam gab es Muslime, die nach dem Tode des Propheten glaubten, Gott sei mit dem Propheten gestorben. Man bekämpfte diese Menschen mit dem Schwert aus Angst vor der Verfälschung der Glaubenslehre. Was ist im Judentum in der Tat passiert? Es gibt Andeutungen, die im folgenden Kapitel erwähnt werden.

3.5 Einfluß des Menschen auf die jüdische Glaubenslehre

Eine schriftliche Offenbarung wie die der Thora führte dazu, dass es Menschen gab, die mehr über das Umfeld der Thora wissen wollten in der Hoffnung, noch weiteres darüber zu erfahren als den Inhalt dieser Schriften. So gesehen waren Tür und Tor offen für diese Gruppe (die Pharisäer). Als Gegenreaktion gab es die Sadduzäer, die umso krampfhafter sich an das geschriebene Wort hielten. Diese Gegenbewegung entstand im 2. Jahrhundert v.Chr. als religiös-politische Gruppierung des Judentums, deren Name sich wohl vom Priestergeschlecht des Zadok ableiten läßt. Die Sadduzäer entstammten der jüdischen Oberschicht und waren von großem politischen Einfluss. Im Synedrion, dem Hohen Rat der Juden, bildeten sie die entscheidende Kraft und stellten mehrmals den Hohepriester. Sie betonten die ausschließliche Orientierung an der Thora, lehnten im Gegensatz zu den Pharisäern die mündliche Überlieferung ab und sahen im Tempeldienst den Schwerpunkt jüdisch-religiösen Lebens. Mit der Zerstörung des Tempels 70 n.Chr. verloren sie sowohl ihre kultische als auch ihre ökonomische Basis.

Die Erscheinung Christi hat dazu geführt, dass es Juden gegeben hat, die in ihm tatsächlich den Messias sahen, andere warten noch auf den Messias. Das folgende Zitat zeigt, wie die Stabilität der jüdischen Glaubenslehre durch historische Faktoren beeinflusst wurde. „Während das liberale Judentum die Ankunft des Messias umdeutet in den Anbruch eines Reiches der Gerechtigkeit und des Friedens auf Erden, hält das orthodoxe Judentum an der Persönlichkeit des gottgesandten Messias fest. Den christlichen Glauben, dass in Jesus der Messias bereits erschienen sei, einen Glauben, den auch die am jüdischen Gesetz festhaltenden Judenchristen in der alten Kirche bekannten, lehnt das Judentum bis heute ab; dennoch räumen einzelne Juden ein, dass der künftige Messias die Gesichtszüge Jesu von Nazareth tragen könne.

Während das israelitische Volk noch in der Zeit der Propheten nur eine Zukunft des ganzen Volkes Israel kannte, jedoch keine individuelle Unsterblichkeit oder Auferstehung, drangen in der nachexilischen Zeit diese beiden Formen des individuellen Zukunftsglaubens ins Judentum ein, wobei sowohl iranische als auch hellenistische Einflüsse wirksam waren. Aber während noch zu Jesu Zeiten den die Auferstehung bejahenden Pharisäern die sie leugnenden Sadduzäer gegenüberstanden, setzte sich im späteren Judentum der Glaube an das Fortleben der einzelnen Seele im Garten Eden (Paradies) oder im Gehinnom (einem Strafort nach Art des Purgatoriums) und an die individuelle leibliche Auferstehung am Ende der Weltzeit durch. Uriel da Costa wurde gerade deshalb in den Bann getan, weil er auf Grund der alttestamentlichen Aussagen die sadduzäische Auffassung als die echt jüdische verfocht. Die Vorstellungen des späteren Judentums vom Fortleben der Seele im Paradies während des Zwischenzustandes zwischen dem individuellen Tod und der allgemeinen Auferstehung ähneln denen der östlichen Kirche. Auch das Gebet für die Toten hat im jüdischen Gottesdienst einen Platz erhalten“ (Heiler 1982, 398). Wie man sieht, spielt die Qualität der Interaktion des Individuums mit seiner Religion eine ungeheuer wichtige Rolle. Gerade bei der jüdischen Glaubenslehre, wo der Allmächtige am tiefsten eingegriffen hatte, um die Juden aus der Sklaverei herauszuführen, sollte man erwarten, dass die Beziehung der Religionsträger zu ihrem eigenen Glauben unter den drei abrahamischen Religionen am stärksten ist. Der Schwachpunkt beim Menschen liegt, wie man gesehen hat, an der Art und Weise der Übergabe der Religion von Generation zu Generation. Genau hier befindet sich die größte Schwachstelle aller Religionen. Jeder Glaube wird zu einem Teil des eigenen Ichs der Kreatur namens Mensch. Dass der Mensch das eigene Ego über das der anderen stellt, gehört leider Gottes zu den menschlichen Eigenschaften. Kein anderer weiß dies besser als der Allmächtige, vor allem die Anpassung der von den Eltern übernommenen Glaubenslehre an das neue Umfeld, in dem die jüngere Generation existiert und die innere Stabilität eines jeden Individuums im Umgang mit der von den Eltern übernommenen Lehre, gleichgültig, was für eine Lehre das ist. Glücklicherweise ist die Abweichung im Judentum sehr gering und dies hängt damit zusammen, dass der jüdische Gottesdienst nicht nur in der Gemeinde praktiziert wird, sondern auch in der Familie. Der Hausvater übernimmt hier die Rolle eines Laienpriesters, der sein Amt innerhalb der Familie ausübt als Analogie zu Manoah und seine Frau, die die häuslichen Opfer darbrachten (Richt. 13, 19), gepaart mit der alttestamentlichen Warnung vor fremden Göttern und die Unterstreichung der Liebe zu dem einen einzigen Gott wie das aus folgenden Versen in Dtn 6, 1-9 zu entnehmen ist.

„1 Dies sind aber die Gesetze und Gebote und Rechte, die euch der HERR, euer Gott, geboten hat, dass ihr sie lernen und tun sollt in dem Lande, dahin ihr ziehet, es einzunehmen, 2 dass du den HERRN, deinen Gott, fürchtest und haltest alle seine Rechte und Gebote, die ich dir gebiete, du und deine Kinder und deine

Kindeskinder, alle eure Lebtage, auf dass ihr lange lebt. 3 Israel, du sollst hören und behalten, dass du es tust, dass dir's wohl gehe und du sehr vermehrt werdest, wie der HERR, deiner Väter Gott, dir verheißen hat ein Land, darin Milch und Honig fließt. 4 Höre, Israel, der HERR, unser Gott, ist ein einiger HERR. 5 Und du sollst den HERRN, deinen Gott, liebhaben von ganzem Herzen, von ganzer Seele, von allem Vermögen. 6 Und diese Worte, die ich dir heute gebiete, sollst du zu Herzen nehmen 7 und sollst sie deinen Kindern einschärfen und davon reden, wenn du in deinem Hause sitzest oder auf dem Wege gehst, wenn du dich niederlegst oder aufstehst, 8 und sollst sie binden zum Zeichen auf deine Hand, und sollen dir ein Denkmal vor deinen Augen sein, 9 und sollst sie über deines Hauses Pfosten schreiben und an die Tore.“

Der Tatbestand, dass der Vater innerhalb der Familie die Rolle eines Laienpriesters übernimmt und die Warnung vor falschen Göttern in den oben zitierten Versen sorgen gerade im Judentum dafür, dass das Religiöse nicht nur in den Händen der Priester lag und liegt, sondern im Volk verwurzelt ist gepaart mit den Lehren des Alten Testaments. Hierin sehe ich ein glückliches Korrektiv für die Wirkung der Priesterschaft innerhalb des Judentums.

3.6 Die mosaische Bestätigung durch die jüngste abrahamische Offenbarung, den Islam

Damit man sich eine korrekte historische Vorstellung machen kann, sind die folgenden historischen Daten zu erwähnen. Abraham hat schätzungsweise um das Jahr 2000 v.Chr. gelebt, denn bei ihm existieren keine absolut sichere historische Daten. Moses lebte zur Zeit Ramses II. Anhand der geschichtlichen Fakten weiß man ziemlich genau, dass dies um das Jahr 1200 v. Chr. war. Jesus ist um das Jahr 0 plus minus ein paar Jahre wegen der Problematik des gregorianischen Kalenders geboren worden. Der Prophet Mohammed wurde 570 n.Chr. geboren und empfing die einzelnen Kapitel des Koran in der Zeit von 610 bis 632. Am 8. Juni 632 starb er in Medina und wurde dort begraben. Diese Daten über den Propheten Mohammed sind historisch manifestiert.

Nun sollen die koranischen Stellen über die mosaische Botschaft bearbeitet werden. Hier geht es vor allem um die Bedeutung dieser Botschaft für die jüngste abrahamische Religion. Der Leser darf hier nicht vergessen, dass die koranischen Worte Gottes Worte sind und nicht vom Menschen geschrieben wurden. Der Beweis sind die drei Stellen, die bereits am Anfang des Buches erwähnt wurden. In der 3. Sure, Vers 84, heißt es wohlgemerkt für alle Menschen: ***„84 Sag: Wir glauben an Gott und (an das) was (als Offenbarung) auf uns, und was auf Abraham, Ismael, Isaak, Jakob und die Stämme (Israels) herabgesandt worden ist, und was Mose, Jesus und die Propheten von ihrem Herrn erhalten haben, ohne dass wir bei einem von ihnen (den anderen gegenüber) einen Unterschied machen. Ihm sind wir***

ergeben. " Ein Muslim hat an das zu glauben, was Gott dem Propheten Mohammed geoffenbart hat, was auf Abraham, Ismael, Isaak, Jakob und die Stämme (Israels) herabgesandt worden ist und was Mose, Jesus und die Propheten von ihrem Herrn erhalten haben, ohne dass bei Gott bei einem von ihnen (den anderen gegenüber) ein Unterschied gemacht wird. Das heißt, dass alle diese Gesandten denselben Wert beim Schöpfer haben und er unterscheidet nicht unter ihnen. Möchte man bei diesem Vers eine bessere oder eine schönere Bestätigung für die alttestamentlichen Propheten, Abraham, Moses und Jesus haben? Hierin liegt eine phantastische historische Bestätigung dieser Botschaften des Allmächtigen. Mit anderen Worten sind sowohl Juden als auch Christen aus islamischer Sicht gläubige Menschen. Ich möchte nicht auf die aktuellen Spannungen aus politischer Sicht eingehen, denn dieses Buch soll ein theologisches und kein politisches Werk sein. Hier soll daran erinnert werden, dass die koranischen Worte die Worte Gottes darstellen, die ein heidnischer Prophet empfangen hat.

Wenn überhaupt eine koranische Kritik an den anderen Religionen gegeben ist, so bezieht sich diese nur auf das Menschenwerk innerhalb der göttlichen Offenbarung. Hierin wird nicht die Offenbarung des Allmächtigen kritisiert, sondern es werden vielmehr aus didaktischen Gründen, d.h. für die späteren Offenbarungen und vor allem für deren Träger exemplarische Beispiele gezeigt, was sie mit ihrer ureigenen Offenbarung nicht machen dürften. Im folgenden Vers der 2. Sure findet sich eine Bestätigung für die Wahrheit der mosaischen Schriften, die Moses am Berg Sinai empfangen hat. „***53 Und (damals) als wir dem Mose die Schrift und die Rettung (?) gaben, damit ihr euch vielleicht rechtleiten lassen würdet!***"

Ein Beispiel für eine frevelhafte Vorgehensweise der Menschen ist aus folgenden Versen zu entnehmen: ***„54 Und (damals) als Mose zu seinen Leuten sagte: 'Leute! Ihr habt damit, dass ihr euch das Kalb (zum Gegenstand eurer Anbetung) genommen habt, gegen euch selber gefrevelt. Wendet euch nun (reumütig) wieder eurem Schöpfer zu und schlagt eure eigenen Landsleute tot (w. tötet euch selber)! Das ist, so dünkt es eurem Schöpfer, besser für euch.' Darauf wandte Gott (w. er) sich euch (gnädig) wieder zu. Er ist der Gnädige und Barmherzige"*** (Sure 2, 54). Hierin erkennt man die Barmherzigkeit Gottes und seine Bereitschaft trotz dieses ungeheueren Fehlers, der dem Töten von Menschen gleichkäme, zu verzeihen.

Eine Parallele hierzu ist das Verlangen der Menschen der Schrift, dass der Prophet Mohammed ihnen etwas Schriftliches von Gott vorweist als Beweis für das Göttliche seiner Botschaft. Hierin lieg eine Parallele zu dem Fehler, den die Juden seinerzeit mit dem goldenen Kalb gemacht haben. Folgender Vers beweist dies: ***„153 Die Leute der Schrift verlangen von dir, dass du ihnen (zur Bestätigung deiner Botschaft) eine Schrift (d.h. einen schriftlichen Beweis) vom Himmel herabkommen läßt. Von Mose haben sie (seinerzeit) noch mehr als das verlangt mit den Worten: 'Laß uns Gott klar und deutlich sehen!' Da kam (zur Strafe) für ihre Frevelhaftigkeit der Donnerschlag über sie. Hierauf nahmen sie sich das Kalb (zum Gegenstand ihrer Anbetung), nachdem sie die klaren Beweise erhalten hatten. Aber wir rechneten es (ihnen) nicht an. Und wir gaben Mose (gegen Pharao) offenkundige Vollmacht."*** (Sure 4, 153)

Sowohl das goldene Kalb bei den Juden seinerzeit als auch das Verlangen der Juden und Christen auf der Arabischen Halbinsel, vom Propheten Mohammed den Beweis für die Echtheit seiner Sendung zu erhalten, stellen hier eine Ungeheuerlichkeit Gott gegenüber dar. Man hat einen eigenen Gott in Form eines Kalbes aus Gold hergestellt trotz all dem, was Gott für die Juden bei der Auswanderung aus Ägypten an Macht vorgeführt hat. Man denke an die Spaltung des Roten Meeres und die Versorgung mit Wasser, die im folgenden Vers koranisch manifestiert ist: ***„60 Und (damals) als Mose für sein Volk um Wasser bat! Da sagten wir: 'Schlag mit deinem Stock auf den Felsen!' (Er tat so.) Da brachen zwölf Quellen aus ihm hervor. Nun wußte jedermann, wo es für ihn zu trinken gab. (Und es erging die Aufforderung an sie:) 'Eßt und trinkt von dem, was Gott euch beschert hat, und treibt nicht (überall) im Land euer Unwesen, indem ihr Unheil anrichtet!'"***(Sure 2, 60) Diese Mosesquellen, die bis heute noch sprudeln, haben meine Familie und ich auf der Sinai-Halbinsel besichtigt. Bemerkenswert ist, dass diese Quellen am Rande des Golfes von Suez ganz in der Nähe von Salzwasser liegen. Wo das süße Wasser herkommt, ist bis heute noch ein geologisches Rätsel.

Trotz dieser konkreten oben erwähnten Güte Gottes gegenüber den Juden betete man ein goldenes Kalb an. Hierin haben wir es historisch gesehen mit sehr wichtigen exemplarischen Beispielen für die Menschen, wie sie sich im Umgang mit Gott nicht verhalten sollten, zu tun. In dieser Situation beim Propheten Mohammed gingen sowohl der Jude als auch der Christ davon aus, allein Gottes Wahrheit zu besitzen. So könnte diese Fragestellung auch eventuell ironisch gemeint sein, was nicht zu glauben ist.

Wer von uns, Jude, Christ oder Muslim, glaubt, Gottes Wahrheit allein gepachtet zu haben, ist sehr naiv, denn seit wann kann die Kreatur die Wahrheit ihres Schöpfers erfassen? Er gab jedem von uns so viel von seiner Wahrheit, was die Kreatur begreifen kann. Ich kann meine Portion als Muslim um das christliche und jüdische Stück erweitern, indem ich mit den Angehörigen dieser beiden Religionen brüderlich umgehe, mehr geht nicht. Dieser barmherzige Schöpfer hat nicht nur den Menschen erschaffen, er hat den gesamten Kosmos und Dinge geschaffen, wovon wir bis heute nicht die geringste Ahnung haben. Schaden kann es niemals, wenn wir seine Barmherzigkeit und Liebe befolgen gerade im Umgang miteinander.

Im folgenden Vers wird eine menschliche Eigenschaft Gott gegenüber manifestiert. Hier sind die Juden gemeint, die in der Zeit Christi gelebt haben und nicht wahrhaben wollten, dass er den Messias darstellt, der alttestamentlich manifestiert ist. ***„87 Wir haben doch (seinerzeit) dem Mose die Schrift gegeben und nach ihm die (weiteren) Gesandten folgen lassen. Und wir haben Jesus, dem Sohn der Maria, die klaren Beweise gegeben und ihn mit dem heiligen Geist gestärkt. Aber waret ihr (Juden) denn nicht jedesmal, wenn ein Gesandter euch etwas überbrachte, was nicht nach eurem Sinn war, hochmütig und erklärtet ihn für lügnerisch oder brachtet ihn um?***“ (Sure 2, 87) Diese Fallbeispiele, die Gott in der islamischen Offenbarung aufweist, wobei hier erwähnt werden muss, dass diese die letzte Offenbarung Gottes ist, sollte sich jeder Mensch zu Herzen nehmen, um sein eigenes Verhalten Gott gegenüber zu überprüfen.

Die wahren Gesandten Gottes sind in der islamischen Botschaft manifestiert. Extrem wichtig ist hier der Tatbestand, dass Gott keine

Unterscheidung unter ihnen macht. Hier liegt auch für den verständigen Menschen der Beweis dafür, dass das die Wahrheit von Gott ist und dass alle Botschaften und deren Botschafter gleichwertig sind. Wer also unter den Abrahamiten glaubt, er hätte die bessere Religion, der befindet sich auf dem falschen Weg. In der 2. Sure, Vers 136, lautet es: ***„136 Sagt: 'Wir glauben an Gott und (an das), was (als Offenbarung) zu uns, und was zu Abraham, Ismael, Isaak, Jakob und den Stämmen (Israels) herabgesandt worden ist, und was Mose und Jesus und die Propheten von ihrem Herrn erhalten haben, ohne dass wir bei einem von ihnen (den anderen gegenüber) einen Unterschied machen. Ihm sind wir ergeben.'“*** Wichtig ist hier, dass der Prophet Mohammed sich nicht an die Spitze dieser erwähnten Propheten gestellt hat. Hierin liegt einer der vielen Beweise für das Göttliche in der koranischen Offenbarung. Dass Moses die Wahrheit von seinem Herrn nicht nur für Juden, sondern für die ganze Menschheit erhalten hat, ist dem folgenden Vers zu entnehmen: ***„164 Und über einige Gesandte haben wir dir (schon) früher berichtet, über andere (bisher überhaupt noch) nicht - und mit Mose hat Gott wirklich gesprochen,“*** (Sure 4, 164) So gesehen hätten die Juden die Freundschaft und Brüderlichkeit zu den Muslimen suchen sollen, da der Islam die einzige abrahamische Religion ist, die ihre Botschaft nicht nur anerkennt, sondern als absolut echt darstellt. Wirft man einen Blick auf die Geschichte Israels, so stellt man fest, dass die Symbolik des riesigen Cherubenthrones (aus goldüberzogenem Ölbaumholz mit der [später Bundes-]Lade als einer Art „Thronschemel“ für den unsichtbar auf dem Thron gegenwärtig gedachten Jahwe), der sich im Allerheiligsten über die kleine Lade wölbt, zugleich eine neue Staatstheologie verkündete, die sich aus den kanaanäischen Traditionen der Stadt speiste. Jahwe, einst Befreier aus Ägypten, thronte nun selber als himmlischer König über seiner Stadt und regierte von hier aus mit Hilfe seines Sohnes, des Königs David, über die Völker. Dies wird bestätigt in Psalm 2, Vers 6f. ***„6 Aber ich habe meinen König eingesetzt auf meinem heiligen Berg Zion.« 7 Ich will von der Weisheit predigen, dass der HERR zu mir gesagt hat: »Du bist mein Sohn, heute habe ich dich gezeuget“***. Geht man davon aus, dass diese Psalmen Lieder sind und damit ein Menschenwerk darstellen, so erhebt sich David in diesen Psalmen laut oben erwähntem Zitat zu Gottes Sohn. Dass er hier den Schöpfer aller Dinge auf die Ebene der Kreatur heruntergebracht hat, hat er dabei nicht bedacht, d.h. sein eigenes Image und Ansehen waren für ihn wichtiger als diese Erkenntnis. Hierin ist eine Abweichung von der eigentlichen jüdischen Botschaft, die Gott nicht übersehen hat.

Mit diesem tiefgreifenden theologischen Umbruch war ein geistesgeschichtlicher verbunden. Unter Salomo auch bedingt durch den Fernhandel und den internationalen diplomatischen Verkehr blühten Kunst und Literatur in Israel auf und keiner kam auf die Idee, sich gegen diesen theologischen Wandel aufzulehnen. Da die Entwicklung anscheinend positiv war, so war die diesseitige Entwicklung für das jüdische Individuum wichtiger als Jahwe.

Die Geschichte des Staates Juda verlief bis zum Eingreifen der Assyrer sehr viel ruhiger als die des Nordreiches. Während das Nordreich in rund 200 Jahren zehn Dynastien verbrauchte, herrschte im Südreich bis auf eine kurze Unterbrechung fortwährend das davidische Königshaus. Und dieses konnte sich auf die treue Gefolgschaft der Jerusalemer Priester und des judäischen Landadels („Volk des Landes“) stützen. Überdies war es seine abgelegene Lage auf dem judäischen Bergland, die das Südreich weit weniger in das Kräftefeld internationaler Konflikte verwickelte.

Die Situation änderte sich erst mit der Expansion des Assyrischen Reiches. Als die „syrisch-ephraimitische Koalition" 733 gegen Jerusalem heranrückte um Juda gewaltsam in ihr antiassyrisches Bündnis zu zwingen und sogar damit drohte, Ahas gegen einen ihr willfährigen König auszutauschen, rief dieser trotz der Warnungen des Propheten Jesaja Tiglatpileser zu Hilfe und begab sich freiwillig in assyrische Vasallität, wie das aus dem folgenden Zitat zu ersehen ist. In 2. Kön. 16, 5-8 (1. Stufe der Abhängigkeit) heißt es: ***„5 Dazumal zogen Rezin, der König von Syrien und Pekah, der Sohn Remaljas, König in Israel, hinauf gen Jerusalem, zu streiten und belagerten Ahas; aber sie konnten es nicht gewinnen. 6 Zu derselben Zeit brachte Rezin, König von Syrien, Elath wieder an Syrien und stieß die Juden aus Elath; aber die Syrer kamen und wohnten darin bis auf diesen Tag. 7 Und Ahas sandte Boten zu Thiglath-Pileser, dem König von Assyrien, und ließ ihm sagen: Ich bin dein Knecht und dein Sohn; komm herauf und hilf mir aus der Hand des Königs von Syrien und des Königs Israels, die sich wider mich haben aufgemacht! 8 Und Ahas nahm das Silber und Gold, das im Hause des HERRN und in den Schätzen des Königshauses gefunden ward, und sandte dem König von Assyrien Geschenke."***

Als Gegenreaktion auf die Vorgehensweise Davids Gott gegenüber als sein Sohn hatte Jesaja den König Ahas aufgefordert, im Vertrauen auf Gott abzuwarten und das Scheitern der angreifenden Koalition angekündigt, statt in panischer Angst den Versuch zu unternehmen, die eigene Macht dadurch vermeintlich zu sichern, dass er den größeren Feind ins Land rief. Dazu heißt es in Jes. 7, 1-9: *„1 Es begab sich zur Zeit Ahas, des Sohnes Jothams, des Sohnes Usias, des Königs in Juda, zog herauf Rezin der König von Syrien, und Pekah, der Sohn Remaljas, der König Israels, gen Jerusalem, gegen dasselbe zu streiten, konnten es aber nicht gewinnen. 2 Da ward dem Hause David angesagt: Die Syrer haben sich gelagert in Ephraim. Da bebte ihm das Herz und das Herz seines Volkes, wie die Bäume im Walde beben vom Winde. 3 Aber der HERR sprach zu Jesaja: Gehe hinaus, Ahas entgegen, du und dein Sohn Sear-Jasub, an das Ende der Wasserleitung des oberen Teiches, am Wege beim Acker des Walkmüllers, 4 und sprich zu ihm: Hüte dich und sei still; fürchte dich nicht, und dein Herz sei unverzagt vor diesen zwei rauchenden Löschbränden, vor dem Zorn Rezins und der Syrer und des Sohnes Remaljas, 5 dass die Syrer wider dich einen bösen Ratschlag gemacht haben samt Ephraim und dem Sohn Remaljas und sagen: 6 Wir wollen hinauf nach Juda und es erschrecken und hineinbrechen und zum König darin machen den Sohn Tabeels. 7 Denn also spricht der HERR: Es soll nicht bestehen noch also gehen; 8 sondern wie Damaskus das Haupt ist in Syrien, so soll Rezin das Haupt zu Damaskus sein. Und über fünfundsechzig Jahre soll es mit Ephraim aus sein, dass sie nicht mehr ein Volk seien. 9 Und wie Samaria das Haupt ist in Ephraim, so soll der Sohn Remaljas das Haupt zu Samaria sein. Glaubt ihr nicht so bleibt ihr nicht."*

An diesen Versen erkennt man, wie Gott über den Propheten Jesaja einen Beistand Ahas leistete trotz der Fehler seines Vorfahren David. Hierin sieht der vernünftige Mensch, ganz unabhängig von der Zeit, in der er existiert, was wir Menschen für einen barmherzigen liebenden und verzeihenden Gott haben. Wir nehmen uns nicht die Zeit, uns erkundigen nach dem, was Gott uns geoffenbart hat. Den seelischen Gewinn, den man hier als Mensch sich holt, ist so ungeheuer wichtig, dass man psychologisch zu einer inneren Ruhe geraten kann, was wiederum für klares Denken elementar ist.

Der Prozess der Entstädterung war eine unmittelbare Folge der assyrischen Politik. Den Assyrern genügte eine dörflich-bäuerliche Gesellschaft, die zur Aufbringung des geforderten jährlichen Tributs fähig, aber zur militärischen Rebellion nicht in der Lage war. Das Schwinden der Städte und der damit verbundene kulturelle Rückgang hingen aber auch mit dem Bevölkerungsschwund zusammen, der zwei Ursachen hatte. Zum einen praktizierten die Assyrer eine rigorose Deportationspolitik. Zum anderen lösten der Einfall der Assyrer und die Eingliederung Israels in das assyrische Großreich einen starken Flüchtlingsstrom aus.

Die Eroberung und Zerstörung Jerusalems 586 v.Chr. durch den babylonischen König Nebukadnezar II., die Verschleppung der Oberschicht nach Babylon und die Besetzung des Landes durch die babylonischen Militärs signalisieren den Beginn einer allgemeinen städtebaulichen und kulturellen Stagnation, die auch noch in der Perserzeit weiter wirkte. Es ist eine Gratwanderung zwischen der eigenen jüdischen Tradition und hellenistischer Philosophie erkennbar. Dieser geistige Entfremdungsprozess bzw. das Lockerlassen im Unterbewussten von Jahwe vergrößerte die Bereitschaft der Emigration. In dieser Geschichte kann man exemplarisch erkennen, wie wichtig es ist, sich an dem allerhöchsten Geschenk Gottes, seine Offenbarung, festzuhalten. Das Lockerlassen davon führte zu einer Unterdrückung durch fremde Kräfte. Kein Besserer hat das im voraus gesehen als Jahwe. Er warnte dieses Volk über Moses, was koranisch manifestiert ist.

Folgende koranische Verse bzw. das Vorwarnen des jüdischen Volkes über Moses sind extrem wichtig, weil Gott die blutige Geschichte im voraus gesehen hat und die Juden deswegen ermahnte, das Heilige Land nicht zu verlassen bzw. sich an seine Botschaft fest zu klammern und diese auf sich in sozialer und politischer Hinsicht wirken zu lassen. Unser Prophet Mohammed hätte niemals das von allein wissen können, da der Bildungsgrad auf der Arabischen Halbinsel vor der Offenbarung des Heiligen Buches im Jahr 610 so niedrig war, dass man von der Epoche der Dschahilia (Zeit der Unwissenheit) bis heute noch spricht. In Sure 5, 20f. heißt es: ***„20 Und (damals) als Mose zu seinen Leuten sagte: 'Leute! Gedenket der Gnade, die Gott euch erwiesen hat! (Damals) als er Propheten unter euch auftreten ließ (w. machte) und euch zu Königen machte und euch gab, was er (sonst) keinem von den Menschen in aller Welt gegeben hat. 21 Leute! Tretet ein in das heilige Land, das Gott euch bestimmt hat, und kehrt nicht (gleich wieder) um, so dass ihr (letzten Endes) den Schaden habt!'***" Man meint heute, die Römer hätten die Juden aus ihrem Land vertrieben. Wie die Geschichte aber beweist, waren die Römer in vielen Ländern und kein Volk dieser Länder hat dies wegen den Römern verlassen. Aus welcher Motivation die Juden das Heilige Land damals verließen, stellt historisch einen Komplex dar, der andeutungsweise exemplarisch gestreift wurde. Tatsache ist, dass in der heutigen Zeit mehr Juden in Amerika leben als in Israel. Warum das so ist, weiß keiner besser als der Allmächtige, der das bereits damals Moses geoffenbart hat. Die meisten Juden aus den

Ostblockstaaten emigrierten nach Israel mit der Begründung, sich zu ihren Heiligtümern zu begeben. Viele von ihnen, die es finanziell zu etwas gebracht haben, emigrierten nach Amerika. Natürlich könnte das mit den politischen Unruhen in Israel zusammenhängen. In diesem Falle hätte die Religiosität die Oberhand haben sollen, indem man versucht hätte, mit den Palästinensern eine friedliche Koexistenz zu realisieren, um bei den eigenen heiligen Stätten existieren zu können.

Der Dialog zwischen Moses und seinen Leuten geht wie aus folgenden koranischen Versen zu entnehmen ist, weiter. ***„22 Sie sagten: 'Mose! In ihm sind gewalttätige Leute. Wir werden es nicht betreten, solange sie nicht aus ihm herausgehen. Wenn sie jedoch aus ihm herausgehen, wollen wir (es) betreten.' 23 Zwei Männer, fromme Leute, die Gott (besonders) begnadet hatte, sagten: 'Tretet durch das Tor ein (auch wenn ihr) gegen sie (Gewalt anwenden müßt?). Wenn ihr (nur einmal) dadurch eintretet, werdet ihr Sieger sein. Auf Gott müßt ihr vertrauen, wenn (anders) ihr gläubig seid.' 24 Sie (d.h. die anderen) sagten: 'Mose! Wir werden es niemals betreten, solange sie darin sind. Geh doch du mit deinem Herrn hin und kämpft (ihr beide)! Wir werden (unterdessen) hier bleiben.' 25 Er sagte: 'Herr! Ich habe nur über mich selber und über meinen Bruder (Aaron) Macht. Du musst deshalb zwischen uns (beiden) und dem Volk der Frevler unterscheiden (und darfst uns deren Sünde nicht anrechnen).' 26 Gott (w. Er) sagte: 'So sei es (d.h. das Land) ihnen für vierzig Jahre verwehrt, während sie (so lange) auf der Erde umherirren! Mach dir wegen des Volkes der Frevler keinen Kummer!'“*** (Sure 5, 22-26) Hierin erkennt man, dass für das Volk des Moses die Dienste des Allmächtigen, was er ihnen Gutes getan hat, gemeint sind die Befreiung aus der Sklaverei Ägyptens und die Führung zum Gelobten Land, nicht ausreichend waren. Man war nicht bereit, das Eigene zu tun und durch diese Forderung, dass Moses und Gott gegen die Feinde im Land kämpfen sollen, wären beide, sowohl Gott als auch Moses, Sklaven für das jüdische Volk geworden. Gerade hier liegt eine Lehre für uns Menschen. Der Mensch, der etwas hergibt oder einem Mitmenschen hilft, könnte aus der Sicht des Hilfeempfängers entweder als ein Dummkopf oder als einer mit einer moralischen Qualität angesehen werden. Um die Grenzen zwischen diesen beiden Extremen zu bewahren, braucht der Mensch eine grundethische Haltung, deren Fundament der Glauben ist. Wer hilft oder etwas ohne Gegenleistung abgibt, ist kein Dummkopf, sondern eher ein Mensch mit hoher menschlicher Qualität.

Da Moses in seinem Gehorsam Gott gegenüber dies nicht aus Dummheit macht, sondern aus Güte und Qualität, so berichtet ihm Gott im folgenden koranischen Vers, auf welcher Ebene er steht und welcher Menschengruppe er angehört: ***„84 Und wir schenkten ihm den Isaak und Jakob. Jeden (von ihnen) haben wir rechtgeleitet. Und den Noah haben wir (schon) früher rechtgeleitet, und aus seiner Nachkommenschaft (oder: und (weiter) auch Leute aus seiner Nachkommenschaft:) den David, Salomo, Hiob, Joseph, Mose und Aaron. So vergelten wir denen, die fromm sind.“*** (Sure 6, 84). Gott nimmt Rücksicht auf die menschlichen Eigenschaften, indem er den Menschen Rückmeldungen für ihre Verhaltensweisen gibt. Hierin liegt ein Hinweis dafür, dass kein anderer den Menschen besser kennt außer Gott, denn schließlich ist der Mensch seine Kreatur.

Die übermäßige Erwartungshaltung der Menschen Gott gegenüber wird in folgendem Vers geschildert: ***„91 Und sie (d.h. die Ungläubigen?) haben Gott nicht richtig eingeschätzt. (Damals) als sie sagten: 'Gott hat nichts (als Offenbarung) auf einen Menschen herabgesandt.' Sag: Wer hat (denn) die Schrift herabgesandt, die (seinerzeit) Mose als Licht und Rechtleitung für die Menschen gebracht hat? Ihr macht sie (indem ihr Texte daraus abschreibt, eurerseits) zu Papyrusblättern, die ihr der Öffentlichkeit zugänglich macht (w. kundtut), während ihr (gleichzeitig) vieles (von der Offenbarung) geheimhaltet. - Ihr wurdet (ja durch die Offenbarung manches) gelehrt, was (vorher) weder ihr noch eure Väter wußten. - (Wer hat euch das alles zukommen lassen?) Sag: Gott. (Aber) laß sie nun (weiter) in ihrem Geplauder (mit der Wahrheit) ihr Spiel treiben! (Sie mögen darin verharren, bis sie dereinst eines Besseren belehrt werden.)“*** (Sure 6, 91)

Welche Aufgabe und Funktion die Offenbarung Gottes an uns Menschen hat, ist aus dem folgenden Vers zu entnehmen: ***„154 Hierauf gaben wir dem Mose die Schrift, um (unsere Gnade) an dem zu vollenden, der (seine Sache) gut gemacht hatte (?), und um alles (im einzelnen) auseinanderzusetzen, und als Rechtleitung und Barmherzigkeit. Vielleicht würden sie (d.h. die Menschen, oder die Kinder Israels?) daran glauben, dass die (dereinst) ihrem Herrn begegnen werden.“*** (Sure 6, 154) Hierin erkennt man, dass die Offenbarungen Gottes ein Zeichen seiner Barmherzigkeit und Liebe sind und das für den verständigen Menschen, von dem erwartet wird, dass er auch das Seinige Gott gegenüber tut. Als Motivation dazu dient die Warnung Gottes, dass man sich wieder sieht, was eine Anspielung auf den Jüngsten Tag darstellt. Hier muss erwähnt werden, dass der Mensch, gleichgültig, was er macht, Gott absolut nichts anhaben kann. Seine Offenbarungen und Drohungen dienen nur der Verbesserung der Lebensqualität des Menschen, denn er ist über alles erhaben und unerreichbar für seine Kreaturen.

Es hat eine Phase gegeben, in der die Juden an mehrere Götter geglaubt haben. Hans Küng schreibt hierzu in seinem Buch über das Judentum folgendes detaillierter über das Ende des Nordreiches: „Das Ende des Nordreichs Israel war jetzt definitiv. Es erlebte keine Neugeburt; die »zehn Stämme« des Nordens waren untergegangen; nur eine assyrische Provinz »Samerina« blieb übrig. Seither heißt nicht nur die Stadt, seither heißt die ganze Landschaft »Samaria«, bewohnt von den »Samaritern«, das heißt, von einem Mischvolk, das aus der neuen kolonialen (aus Babylonien und Mittelsyrien stammenden) Oberschicht und der führungslosen bodenständigen Landbevölkerung zusammengesetzt war. Dieses Volk verehrte nun Jahwe und die neuen fremden Götter gleichzeitig und wurde wegen seines Synkretismus von den Judäern im Süden des Landes äußerst verachtet.

Und der Name »Israel«? Er wurde in der Folge von dem noch bestehenden Südreich Juda allein in Anspruch genommen. Obwohl ökonomisch wie politisch bei weitem der schwächere Teilstaat, sah man sich jetzt in Juda als Alleinerbe nicht nur des davidischen Staates und seiner Ideologie, sondern auch der religiösen Tradition des Teilstaates Israel und seines Gottesdienstes. Denn von Anfang an hatte man sich in Jerusalem mit der Reichstrennung nicht abgefunden und blieb so ständig an der Wiederangliederung des Nordreichs, Samarias, interessiert. Doch war denn überhaupt Platz für eine dritte Großmacht zwischen Ägypten und Mesopotamien?“ (Küng 1999, 127). Durch den Niedergang und schließlich Untergang der assyrischen Weltmacht im 7. Jahrhundert v.Chr. gab es für das Reich Juda nochmals eine gewisse Atempause. Sie zu nutzen versuchte jener König von Juda, den manche als den einzigen David kongenialen König ansehen: König Joschija (639-609), der als Achtjähriger bereits auf den Thron gekommen war und der später die Zeit für eine grundlegende Reform des Kultes für gekommen ansah. Wie sah sie aus? Im 7. Jahrhundert v.Chr. gab es eine Restauration auf allen Ebenen.

„Und doch sollte die Reform dieses so hoffnungsvollen, begabten und energischen Reformer-Königs tragisch enden, Unterdessen waren nämlich nach schweren Kämpfen 614 Assur und 612 Ninive von einer medisch-babylonischen Koalition erobert und völlig zerstört worden (der Prophet Nahum hatte das angekündigt). Drei Jahre später marschierte Pharao Necho II. - um in Mesopotamien zugunsten der restlichen assyrischen Armee in Haran zu intervenieren - nach Norden. König Joschija wagte es, dem Pharao bei Meggido den Durchmarsch zu versperren. Da wurde er unter ungeklärten Umständen - merkwürdigerweise schon vor der Schlacht - von den Ägyptern gefangengesetzt und, erst vierzigjährig, sofort hingerichtet. Jetzt war es aus mit der Reform in Juda. Und doch hatten sich die Ereignisse rund um die Reform Joschijas tief in das Gedächtnis des Volkes eingegraben. Das »Gesetzesbuch« - zum ersten Mal in der Geschichte der israelitischen Religion hatte ein geoffenbartes, von vornherein »heiliges« Buch eine entscheidende Rolle gespielt! - sollte noch eine Zukunft haben. Eine Zukunft freilich erst nach der Katastrophe.

Das Land stand erneut unter ägyptischer Oberhoheit, die ihrerseits bald von einer anderen Herrschaft abgelöst werden sollte: vom neubabylonischen Reich, das wegen des Reichgründers Nabopolassar aus dem Aramäerstamm auch das chaldäische genannt wird. Was nach Joschija politisch folgte, sollte nur noch ein Abgesang auf das Königtum werden. Für einen zwischen den beiden Großmächten im Norden und Süden politisch lavierenden Pufferstaat war kein Raum. Auch das Ende des Südreiches war gekommen - knapp eineinhalb Jahrhunderte nach dem Untergang des Nordreiches. Als König Jojakim sich von der babylonischen Herrschaft zu befreien trachtete, besetzten 598/97 babylonische Truppen das Land und belagerten Jerusalem. Nur die Öffnung der Tore durch König Jojachin, der seinem Vater Jojakim während der Belagerung auf dem Thron nachgefolgt war, verhinderte die Zerstörung. Stadt und Tempel freilich wurden geplündert, die Tempelschätze nach Babylon gebracht, der junge König, sein Harem und die Angehörigen der Oberschicht (Adel, Priesterschaft, Handwerksstand) allesamt nach Babylonien deportiert - die sprichwörtlichen »obersten Zehntausend« also, darunter auch der spätere Prophet Ezechiel“ (ebd. 129 f.).

Als die Israelis aus Babylonien wieder zurückkamen, wo sie das Alte Testament neu überarbeitet hatten, hat sich elementar vieles geändert in der Beziehung zwischen den Juden und dem allmächtigen Schöpfer.

„Man muss sich ja immerhin fragen: Was war es denn, das in der Geschichte diese so starke Wirkung hervorgerufen hat, so dass schließlich die gesamte Tradition davon geprägt wurde? Von der Grundaussage der Texte her drängt sich die Antwort auf. Es war der Glaube an diesen einen in der Geschichte wirkenden unsichtbaren Gott Jahwe.

Ein Glaube, der dann in der Endredaktion der »Fünf Bücher Mose« offensichtlich so stark war, dass er schließlich alle konkurrierenden Formen des Gottesglaubens verdrängen konnte. So lauten das erste und zweite Gebot des Dekalogs: »Ich bin der Herr, dein Gott, der ich dich aus dem Lande Ägypten, aus dem Sklavenhaus herausgeführt habe. Du sollst keine anderen Götter neben mir haben. Du sollst dir kein Gottesbild machen, keinerlei Abbild.«

Man muss deshalb Yehezkel Kaufmann, Professor an der Hebräischen Universität in Jerusalem, zustimmen, wenn er in seiner beeindruckenden Darstellung der Religion Israels als »Basisidee der israelitischen Religion« den Monotheismus bezeichnet, »dass Gott Höchster über allem« ist: »In summa: die religiöse Idee der Bibel, sichtbar in den frühesten Schichten, die sogar die >magischen< Legenden durchdringen, ist die eines obersten Gottes, der über jedem kosmischen Gesetz, über jedem Schicksal und jedem Zwang steht: ungeboren, unerschaffen, keine Leidenschaft kennend, unabhängig von den Dingen und ihren Kräften; ein Gott, der andere Gottheiten oder Kräfte der Unreinheit nicht bekämpft, der nicht opfert, weissagt, prophezeit oder Hexerei praktiziert; der nicht sündigt und keiner Sühne bedarf, ein Gott, der nicht die Feste seines Lebens feiert. Ein freier göttlicher Wille, der alles Seiende transzendiert - das ist das Kennzeichen der biblischen Religion und dies macht den Unterschied von allen anderen Religionen dieser Erde aus.“ (ebd. 53f.)

„Die Veränderungen für das gesamte auch private jüdische Frömmigkeitsleben sind einschneidend, und der amerikanische jüdische Gelehrte Jacob Neusner hat hier das Entscheidende präzise zusammengefaßt: Was heißt bis heute Leben unter dem Gesetz? Leben unter dem Gesetz meint Beten - morgens, abends, nachts und bei den Mahlzeiten, sowohl routinemäßig wie wenn etwas Außergewöhnliches passiert. Um Jude zu sein ... lebt man ... ständig im Bewusstsein der Gegenwart Gottes und ist ständig bereit, Gott zu loben und zu preisen. Der Weg der Tora ist der Weg ständiger Hingabe an Gott" (ebd. 147).

4. *Gottes Barmherzigkeit den Christen gegenüber trotz des Menschenwerks im Namen Christi*

Im folgenden Kapitel wird auf die Grundhaltung der islamischen Glaubenslehre gegenüber Jesus und seinen Angehörigen eingegangen. Für den Islam ist die Person Jesus von großer Bedeutung. Islamisch-koranisch ist er als Jesus 27mal im Koran erwähnt und als der Sohn Marias 19mal. Der eigene Prophet Mohammed ist koranisch nur 6mal manifestiert. „Jesus ist für den Muslim nicht nur ein Gesandter Gottes, der eine Religion stiftete, sondern er stellt vielmehr einen Beweis der Macht Gottes dar. Aus diesen Gründen beinhaltet der Koran eine Menge Aussagen über diese wichtige Persönlichkeit. Jesus verkörpert für uns Muslime die Liebe des Schöpfers an die Kreatur namens Mensch" (Ginaidi 2002, 67).

4.1 *Die Geburt Christi aus christlicher Sicht*

In der Bibel heißt es: ***„26Und im sechsten Monat ward der Engel Gabriel gesandt von Gott in eine Stadt in Galiläa, die heißt Nazareth, 27zu einer Jungfrau, die vertraut war einem Manne mit Namen Joseph, vom Hause David: und die Jungfrau hieß Maria. 28Und der Engel kam zu ihr hinein und sprach: Gegrüßet seist du, Holdselige! Der HERR ist mit dir, du Gebenedeite unter den Weibern! 29Da sie aber ihn sah, erschrak sie über seine Rede und gedachte: Welch ein Gruß ist das? 30Und der Engel sprach zu ihr: Fürchte dich nicht, Maria! du hast Gnade bei Gott gefunden. 31Siehe, du wirst schwanger werden und einen Sohn gebären, des***

Namen sollst du Jesus heißen. 32Der wird groß sein und ein Sohn des Höchsten genannt werden; und Gott der HERR wird ihm den Stuhl seines Vaters David geben; 33und er wird ein König sein über das Haus Jakob ewiglich, und seines Königreiches wird kein Ende sein. 34Da sprach Maria zu dem Engel: Wie soll das zugehen, da ich von keinem Manne weiß? 35Der Engel antwortete und sprach zu ihr: Der heilige Geist wird über dich kommen, und die Kraft des Höchsten wird dich überschatten; darum wird auch das Heilige, das von dir geboren wird, Gottes Sohn genannt werden. 36Und siehe, Elisabeth, deine Gefreunde, ist auch schwanger mit einem Sohn in ihrem Alter und geht jetzt im sechsten Monat, von der man sagt, dass sie unfruchtbar sei. 37Denn bei Gott ist kein Ding unmöglich.“ [Luther-Bibel 1912: Das Lukasevangelium. Digitale Bibliothek Band 29, (vgl. Lk 1, 26-37)]

Wer das in der Bibel liest ***„27zu einer Jungfrau, die vertraut war einem Manne mit Namen Joseph, vom Hause David: und die Jungfrau hieß Maria.“***, könnte annehmen, dass dieses Jesuskind ein Produkt von Mann und Frau ist. Dass Jesus hier von Gott gewollt ist, ist nicht eindeutig zu erkennen. Es könnte eine Segnung sein für den Embryo, den sie bereits im Leib trägt. In Vers ***„35Der Engel antwortete und sprach zu ihr: Der heilige Geist wird über dich kommen, und die Kraft des Höchsten wird dich überschatten; darum wird auch das Heilige, das von dir geboren wird, Gottes Sohn genannt werden“*** hat man diesen Begriff „Gottes Sohn“ erst erhalten, als man die hellenistische Philosophie durch die Judenchristen auf die Beziehung Gott – Christus angewandt hat. Hier muss erwähnt werden, dass das älteste Evangelium, das Markusevangelium, 70 n.Chr. geschrieben wurde und die Bibel wurde bis zum Ende des 3. Jahrhunderts n.Chr. verfasst. So gesehen mussten die Evangelisten die

Grundstruktur Christi, die die Kirche entworfen hat, mit einbeziehen, sonst wären sie als Evangelisten nicht anerkannt. Man hat dabei vergessen, dass wenn diesem Schöpfer, vom Ausmaß dessen Schöpfung wir noch lange keine Ahnung haben, ein Sohn gegeben wird, dieser Schöpfer auf die Ebene der Kreatur gestellt wird. Die Bezeichnung „Gottes Sohn“ wurde zum ersten Mal nach dem Ableben Christi von der Gemeinde angewandt. Außerdem stünde Jesus als Vertreter der Menschheit auf der Ebene Gottes und es war immer das Wunschdenken der Menschen, sich auf die Ebene Gottes zu stellen. Im folgenden Kapitel wird die Geburt Christi aus islamischer Sicht geschildert. Nicht vergessen, der Beweis, dass der Koran nicht von Menschen geschrieben ist, wurde bereits oben erwähnt.

4.2 Die Geburt Christi aus islamischer Sicht

In Sure 3, 45, in der Jesus der Maria durch die Engel verkündet wird, liegt eine historisch-abrahamische Bestätigung dafür, dass Jesus das Wort Gottes ist, das Gott in den Schoß Marias legte, d.h. dass Jesus in der Tat nach der jüngsten abrahamischen Religion der „Logos“ Gottes ist.

Der wichtigste Satz in diesem Vers ist „Gott verkündet dir ein Wort von sich.“ In diesem Begriff „Wort“ steckt das gesamte Auslegungsdilemma der Missverständnisse zwischen den morgen- und abendländischen Interpretationen. Während das Abendland den Begriff „Wort“ = Logos laut griechischer Philosophie auffasst und damit Jesus einen „Teil“ Gottes werden läßt, sieht der Muslim in dem Begriff „Wort“ nichts anderes als das ausgesprochene Wort Gottes und damit wird das, was Maria prophezeit worden ist, aufgrund des Ergehens dieses Wortes in dem Sinne zur Wahrheit: Es soll und es wird (vgl. Der Korankommentar von Ismael Ben Kuthair 1980, Band 1, 363).

Um dem Begriff „Logos“ im christlichen Verständnis auf den Grund zu kommen, muss man feststellen, dass er im altgriechisch-philosophischen Sinne deckungsgleich ist mit dem, was koranisch manifestiert ist. Aber die johanneische Definition dieses Begriffes im Sinne von Gottessohnschaft Jesu ist natürlich streng abzulehnen. Die heutige Mentalität der Menschen in den Lokalitäten, in denen Jesus wirkte, ist historisch fast unverändert geblieben. Jeder mächtige Erwachsene ist gegenüber einem jeglichen Jugendlichen, der Hilfe braucht, eine Vaterfigur ohne dass eine konkrete verwandtschaftliche Beziehung besteht. Bis heute noch sprechen junge Menschen vor allem in den ländlichen Gebieten die älteren Menschen mit „Vater“ oder „Mutter“ an je nach Geschlecht, ohne dass man sich überhaupt näher kennt. Diese Ansprache aus dem Munde eines Jugendlichen beinhaltet einen psychologischen Zwang für die oder den Erwachsenen, tatsächlich helfend einzugreifen. Der junge Mensch will hiermit dem Erwachsenen vermitteln, er könne tatsächlich ein Elternteil sein und dies beinhaltet nicht nur die Annahme des Älteren, sondern vor allem viel mehr seinen Respekt vor ihm. Johannes hat die Bezeichnung Gottes aus Jesu Munde wortwörtlich genommen und das auf die Beziehung zu Gott angewandt. Für das islamische Verständnis wäre dies eine Herabsetzung Gottes auf die Ebene der Kreatur Mensch, was weder im Sinne Christi noch im Sinne Gottes wäre.

Diese Vorgehensweise stellt eine große Problematik innerhalb der Kunst der Auslegung der Heiligen Schriften allgemein dar. Man ist bemüht aus Furcht davor, Fehler zu machen, die Inhalte wörtlich zu verstehen. Es werden dabei aber die Umstände bzw. die Mentalität der Sprechenden übersehen. Wie später geschildert wird, stellte Jesus die Annahme der Menschheit durch Gott dar, deshalb erlaubte er es sich, von Gott als vom Vater zu sprechen.

R. Paret schreibt in seinem Korankommentar über den Begriff „Wort“ in diesem Vers in Anlehnung an Th. O'Shaugnessy in seinem Werk “The Koranic Concept of the Word of God = Biblica et Orientalia 11”, Rom 1948, S. 55, folgendes: “Th. O'Shaugnessy ist allerdings der Ansicht, dass der Ausdruck ‚kalima’, soweit er im Koran auf Jesus angewandt wird, nichts mit der hellenistisch-christlichen

Logos-Vorstellung gemein hat. Er erklärt ihn vielmehr - wohl zu einseitig - damit, dass Jesus durch das göttliche Schöpferwort in die Existenz gerufen worden ist: „Jesus, then, is rightly called a <word>, that is, a creative command or, more explicitly, a <thing decreed> by a creative command". (Paret 1981, 66).

In Sure 3, 45 heißt es: ***„(Damals) als die Engel sagten: Maria! Gott verkündet dir ein Wort von sich, dessen Name Jesus Christus, der Sohn der Maria, ist! Er wird im Diesseits und im Jenseits angesehen sein, einer von denen, die (Gott) nahestehen".*** Dieser Tatbestand ist für die Muslime absolut akzeptabel und sie haben damit gar keine Probleme. Wer eine Galaxie wie die unsrige, die zu den kleinsten Galaxien im Weltraum gehörige Milchstraße, mit 400 Milliarden Sonnen und den pro Sonne dazugehörigen 4-28 Planeten erschafft, für den ist ein solcher Schöpfungsakt ein Leichtes. So ist diese Erde weniger als ein Staubkorn in der nordafrikanischen Wüste.

Damit uns die Macht Gottes bewusster wird, versuche ich dies mit dem nächsten Beispiel zu verdeutlichen. Versucht man im Lottospiel unbedingt, 6 Richtige zu gewinnen, so heißt das mathematisch: 49 über 6, d.h. man muss 13,9 Millionen Kombinationen ausspielen, um nur 6 Bedingungen von 49 zu erfüllen. Wieviel Bedingungen müsste dann dieses Staubkorn namens Erde nur in unserer Galaxie erfüllen, damit es ein Leben in dieser Komplexität gibt? Es sind genau vier Bedingungen. Die Temperatur muss stimmen, der Wert der Gravitation darf nicht zu groß und nicht zu klein sein, Luft mit einer bestimmten Zusammensetzung und Wasser müssen vorhanden sein. Verteile ich diese Bedingungen auf alle Planeten in unserer Galaxie, so wäre ein Leben in primitivster Form ein Ding der Unmöglichkeit.

Es gibt aber den Machbarkeitsfaktor. Dieser ist das, was die abrahamischen Religionen mit Gott bezeichnen. Dass dieser eine Gott für die Kreatur unerfassbar ist, liegt klar auf der Hand. So ist die Geburt von Christus ohne leiblichen Vater für diesen Gott eine Winzigkeit.

In der islamischen Literatur heißt es zum oben genannten Vers sinngemäß weiter: „Dies ist eine Prophezeiung, die durch die Engel der Maria, auf sie soll der Frieden sein, übermittelt wurde. Sie wird einen großartigen Knaben zur Welt bringen, dessen Name der Messias Jesus, der Sohn der Maria, sein wird. Er wird auf Erden sehr berühmt werden unter den Gläubigen.

Der Begriff ‚Messias' (arab. Wanderer oder Streichler) wurde Jesus verliehen, weil er sehr viel wandern wird, um die Menschen zum rechten Weg zu leiten, Streichler, weil er durch sein Streicheln die Menschen von ihren Krankheiten befreien wird. Dies alles geschieht nur durch die Erlaubnis Gottes" (Der Korankommentar von Ismael Ben Kuthair 1980, Band 1, 363).

Interessant ist die offizielle islamische theologische Meinung über diesen Vers. „Wort oder Entscheid, Befehl. Die Geburt Jesu war ein sichtbarer Beweis der unendlichen göttlichen Allmacht, denn einzig durch das Aussprechen des Wortes ‚Sei' vermochte Maria zu empfangen, ohne dass dazu ein Mann da sein musste. In diesen Worten liegt aber auch die eindeutige Zurückweisung der Göttlichkeit Jesu Christi. Wie konnte man ihn als Gott ansehen und annehmen, er sei Teilhaber an der Göttlichkeit des Schöpfers, nachdem er selbst durch einen Befehl Gottes erschaffen worden ist?" (Die Bedeutung des Korans Bd. 1, 1996, 158). Josef, der Mann Marias, existiert nirgends in der islamischen Theologie, damit es nicht die Möglichkeit gibt, Gottes Fähigkeiten zu reduzieren.

An einer anderen Stelle heißt es zum selben Vers: Selbst nichts anderes als ein Sterblicher, war Jesus der Sohn einer durchaus nicht unsterblichen Frau, keinesfalls aber der Sohn Gottes. Mit der Formulierung „Sohn der Maria" wird auf sein Menschsein hingewiesen und dieses unterstrichen. Eines der Wunder des Korans ist, dass er bei der Erwähnung gleichzeitig die Auffassungen von Christen und Juden widerlegt und ständig eine Sprache beinhaltet, die sowohl eine Antwort auf die christliche Vergöttlichung wie auf die jüdischen Beschuldigungen gegen Jesus enthält.

Maria war durch ihre Beziehung zu Gott, Frömmigkeit und Gottesfurcht förmlich dazu geschaffen, an dem Wunder teilzuhaben. So erreichte sie auch zum ersten Mal mit Hilfe von Gottes Engeln die Botschaft über die ihr bevorstehende Empfängnis. Dieses Zeichen Gottes beinhaltet gleichzeitig eine Motivation für uns Menschen, über den Ursprung des Lebens nachzudenken. Vergleicht man die Entstehung Christi mit der Entstehung Adams, war es bei Adam ein Klumpen Lehm oder war es mehr? Nur Gott weiß die Antwort (vgl. ebd. 158).

Was diesen Punkt anbetrifft, gemeint ist die Beziehung zwischen Jesus und Gott, habe ich in meiner mehr als 30-jährigen Erfahrung gerade über diesen Zusammenhang sehr viele Gespräche mit christlichen Freunden und christlichen Theologen geführt. Die folgende Fragestellung von mir brachte die meisten von ihnen in eine kritische Situation. In bezug auf die Gottessohnschaft Jesu darf man sich hier fragen: warum hat Jesus unmittelbar vor seiner Verhaftung im Garten Gethsemane „Vater, laß diesen Kelch an mir vorüberziehen!“ gesagt? So muss man annehmen, dass zumindest Jesus und Vater, „Gott“, zwei verschiedene Persönlichkeiten sind.

Das berühmte Argument, dass Jesus, „der inkarnierte Gott“, sich bewußt seiner göttlichen Eigenschaften entleerte (Kenosis), um rein Mensch zu sein, erscheint mir viel mehr als eine Art Wunschdenken, denn die gesamte Erde mit der Menschheit ist nach den heutigen wissenschaftlichen Erkenntnissen weniger als ein Staubkörnchen im All. Von daher gesehen müssen wir uns mehr als glücklich bezeichnen, dass er sich uns über die abrahamische Offenbarungskette überhaupt geoffenbart hat.

Ein wichtiger Punkt bei der Verkündigung Jesu ist in Vers 46 der 3. Sure zu lesen. ***„Und er wird (schon als Kind) in der Wiege zu den Leuten sprechen, und (auch später) als Erwachsener, und (wird) einer von den Rechtschaffenen (sein)“.*** Die offizielle Meinung der islamischen Theologie nach dem Kommentar zu diesem Vers lautet wie folgt: „Die göttliche Sendung Jesu soll nur drei Jahre gedauert haben, von seinem 30. bis zu seinem 33. Lebensjahr, als er angeblich gekreuzigt wurde. Doch im Neuen Testament (Lukas 2:46: ***Und es begab sich, nach drei Tagen fanden sie ihn im Tempel sitzen mitten unter den Lehrern, wie er ihnen zuhörte und sie fragte.)*** wird davon gesprochen, dass er bereits als Knabe mit den Rechtsgelehrten im Tempel diskutierte und sogar schon vorher (Lukas 2:40: ***Aber das***

Kind wuchs und ward stark im Geist, voller Weisheit, und Gottes Gnade war bei ihm.), dass „das Kind aber wuchs und erstarkte in der Fülle der Weisheit“. In einigen apokryphen Evangelien ist die Rede davon, dass er bereits im Kindesalter predigte“ (Die Bedeutung des Korans Bd. 1, 1996, 158).

Diese Ankündigung hat selbstverständlich für Maria und ihre engsten Angehörigen sowohl eine psychologische als auch eine große pädagogische Bedeutung. Die psychologische Bedeutung liegt eben darin, dass das, was ihr die Engel zuvor übermittelt haben, sie auf die Erziehung dieses „Wunderknaben“ vorbereitet habe, wodurch wiederum ihr eigenes Selbstwertgefühl so erhöht wird, dass sie über jeglichen Hochmut erhaben ist. Dieser Punkt ist meiner Meinung nach fast ein Beweis für die Gläubigkeit eines jeden Menschen. Ich darf diesen Gedanken weiter verfolgen, indem ich behaupte, dass die Demut der Indikator darstellt für die individuelle Verschmelzung mit der gesamten Schöpfung Gottes. Dieser Zustand ist eine Gnade Gottes, die er gerade Jesus bzw. seiner Mutter schenkte. Nicht umsonst stellt Jesus für mich und meine deutsche Frau, eine ehemalige Katholikin, die Krone der Demut dar. Mich wundert es heutzutage, dieses Wetteifern im Anheben der Nase gegenüber den Mitmenschen und das in einer modernen christlichen Gesellschaft.

Das pädagogische Element in dieser Kundmachung liegt im bewussten Ausschalten des eigenen weltlichen Ichs diesem Kinde (Jesus) gegenüber. Dieser Punkt ist innerhalb der Interaktion zwischen Maria und dem Kind sehr wichtig, damit die göttlichen Eigenschaften, die Gott in Jesus angelegt hat, sich gesund entwickeln und später zum Ausdruck gebracht werden können.

Die Reaktion Marias auf diese Ankündigung war eine rein menschliche Reaktion, denn sie wusste, dass um ein Kind zu bekommen, die Frau dazu einen Mann benötigt. Dies ist ihre und unsere Realität, in der wir bis heute leben und genau hier liegt die Problematik des Christentums im modernen Zeitalter, was sie in Vers 47 der 3. Sure ausdrückt: ***„Sie sagte: Herr! Wie sollte ich ein Kind bekommen, wo mich (noch) kein Mann (w. Mensch) berührt hat? Er (d.h. der Engel der Verkündigung, oder Gott?) sagte: Das ist Gottes Art (zu handeln). Er schafft, was er will. Wenn er eine Sache beschlossen hat, sagt er zu ihr nur: sei!, dann ist sie.“*** An der Stelle im Vers, wo es heißt: „Er (d.h. der Engel der Verkündigung, oder Gott?)“ ist der von Gott beauftragte Engel gemeint (vgl. ebd). In diesem Akt der Schöpfung ist ein wesentliches Element der Art und Weise seiner Erschaffung zu erkennen. Sein Wille ist der Stoff, aus dem alles gemacht wird. Weder Materie noch jedwede andere Hilfe werden dazu benötigt.

Was Gott mit Jesus beabsichtigt, steht in Vers 48 derselben Sure klar und eindeutig. ***„Und er wird ihn die Schrift, die Weisheit, die Thora und das Evangelium lehren“.*** Die offizielle Meinung der islamischen Theologie bezieht sich auf den Begriff der Schrift. In dieser Übersetzung wurde das Wort „Buch“ mit „Schrift“ übersetzt. Dort heißt es: „Mit dem ‚Buch' könnte das Evangelium bzw. die Thora gemeint sein, auch die eigentliche Fähigkeit des Lesens und Schreibens, das heißt die offenbarten Bücher ganz allgemein“ (vgl. ebd. 159).

Hier ist der Auftrag an Jesus die Übermittlung der Schrift an die Menschen. Nach dem heutigen islamischen Verständnis beinhaltet der

Begriff der Heiligen Schrift sowohl die mosaische, die christliche als auch die islamische. Der wichtigste Inhalt ist, dass Jesus nur den Träger der Botschaft Gottes darstellt und selbst nicht die eigentliche Botschaft ist. Er ist aber insofern ein Teil der Botschaft Gottes, was seine Entstehung anbetrifft. Es ist auch zu bedenken, dass das erste Wort, was unser Prophet Mohammed vom Erzengel Gabriel zu hören bekam, die Aufforderung zum Lesen war, siehe die ersten Verse (1-5) der erstempfangenen Sure. Sie hat in der Kodifizierung des Koran die Nummer 96: ***„1Trag vor im Namen deines Herrn, der erschaffen hat, 2 den Menschen aus einem Embryo erschaffen hat! 3 Trag (Worte der Schrift) vor! Dein höchst edelmütiger Herr (oder: Dein Herr, edelmütig wie niemand auf der Welt) ist es ja, 4 der den Gebrauch des Schreibrohrs gelehrt hat (oder: der durch das Schreibrohr gelehrt hat), 5 den Menschen gelehrt hat, was er (zuvor) nicht wußte“.***

Was hier mit „trag vor“ übersetzt wurde, stellt im Originalkoran in der Originalsprache den Imperativ von „lesen“, also „lies“ dar. Diese Befehlsform wurde an einen Analphabeten gerichtet. Vergleicht man den Auftrag von Jesus, in dem die Rede von der Schrift, Weisheit und lehren ist, mit diesen ersten fünf Versen der koranischen Schrift, so wird eines ganz klar. Hierin ist eine versteckte Aufforderung an die Menschheit gerichtet, sich Wissen zu erwerben. Nicht umsonst sagte unser Prophet in einem Hadith: „Die Tinte eines Schülers ist heiliger als das Blut eines Märtyrers“. Oder: „Hole dir das Wissen und wenn es sein muss, aus China“, wobei China für die Araber auf der Arabischen Halbinsel seinerzeit ein Symbol für die Ferne war. (ebd. S. 67 ff.)

Zur Geburt von Jesus heißt es in der 19. Sure, Vers 16 bis 35 : ***„16 Und gedenke in der Schrift der Maria! (Damals) als sie sich vor ihren Angehörigen an einen östlichen Ort zurückzog!“*** In diesem Vers liegt ein Befehl an den Propheten Mohammed, Maria in seiner Schrift (den Koran) zu erwähnen, denn nach Gottes Gesetzen entsteht das Leben bei allen Arten der Geschöpfe durch das männliche und weibliche Geschlecht. Daran hatten sich die Menschen so gewöhnt, dass sie die Urentstehung des Menschen vergaßen. Nun wollte Gott ihnen durch die Geburt Jesu ein Beispiel seiner ungebundenen Macht und seines Willens geben. Doch dieses Ereignis blieb beispiellos, damit die Grundregeln gewahrt bleiben (vgl. Die Bedeutung des Korans Bd. 3, 1996, 1378).

Zur Aussage in diesem Vers, dass sie sich vor ihren Angehörigen an einen östlichen Ort zurückzog, vermutet man in der islamischen Theologie „Vielleicht in eine im Osten gelegene Kammer, wahrscheinlich im Tempel. Sie zog sich von ihren Familienangehörigen und den Menschen überhaupt zurück, um sich dem Gebet und dem Gottesdienst zu widmen. In diesem Zustand der Reinheit geschah es, dass ihr ein Engel in Menschengestalt erschien. Sie glaubte, es sei ein wirklicher Mann, fürchtete sich und beschwor ihn, sie nicht in ihrer Abgeschiedenheit zu stören“ (ebd. 1379).

„17 Da nahm sie sich einen Vorhang (oder: eine Scheidewand), (um sich) vor ihnen zu (verbergen). Und wir sandten unseren Geist zu ihr. Der stellte sich ihr dar als ein wohlgestalteter (w. ebenmäßiger) Mensch“. Hier ist der Erzengel Gabriel gemeint. „Die Koranausleger sind der Meinung, dass er ihr als Mensch erschien, damit sie auf ihn hörte und Vertrauen zu ihm gewann und ihn nicht abwies, was der

Fall gewesen wäre, wenn er ihr als Engel erschienen wäre“ (ebd. 1379).

Zu dem Begriff „Geist“ arab. „Ruh“, der in diesem Vers erwähnt ist, meint man: „Der Begriff „ruh“ bedeutet oft „göttliche Offenbarung“. Gelegentlich wird er jedoch gebraucht um das Medium zu bezeichnen, durch das solche Offenbarung Gottes Auserwählten mitgeteilt wird, mit anderen Worten, den Engel (oder die Engelskraft) der Offenbarung. Da sterbliche Menschen Engel nicht in ihrer wahren Form wahrnehmen können, ließ Gott ihn in diesem Fall ‚als wohlgestalteten Menschen’ erscheinen, d.h. in einer Form, die ihrer Wahrnehmung zugänglich war. Nach Razi wird der Engel deswegen mit ‚Ruh’ bezeichnet, weil damit angedeutet werden soll, dass diese Wesen rein geistig sind, ohne jedes physische Element“ (ebd. 1379).

„18 Sie sagte: ‚Ich suche beim Erbarmer Zuflucht vor dir. (Weiche von mir), wenn du gottesfürchtig bist“. Natürlich führt die Erscheinung dieses Geistes als Mann zu Ängsten bei Maria.

Es folgt der Dialog zwischen Maria und dem Engel, der ihr als ein vollkommener Mann erschienen ist.

„19 Er sagte: (Du brauchst keine Angst vor mir zu haben.) Ich bin doch der Gesandte deines Herrn. (Ich bin von ihm zu dir geschickt) um dir einen lauteren Jungen zu schenken. 20 Sie sagte: Wie sollte ich einen Jungen bekommen, wo mich kein Mann (w. Mensch) berührt hat und ich keine Hure bin? (oder: ... berührt hat? Ich bin (doch) keine Hure!) 21 Er sagte: So (ist es, wie dir verkündet

wurde). Dein Herr sagt: (oder: So hat dein Herr (es an)gesagt.) Es fällt mir leicht (dies zu bewerkstelligen). Und (wir schenken ihn dir) damit wir ihn zu einem Zeichen für die Menschen machen, und weil wir (den Menschen) Barmherzigkeit erweisen wollen (w. aus Barmherzigkeit von uns). Es ist eine beschlossene Sache. 22 Da war sie nun schwanger mit ihm (d.h. dem Jesusknaben). Und sie zog sich mit ihm an einen fernen Ort zurück. 23 Und die Wehen veranlaßten sie, zum Stamm der Palme zu gehen. Sie sagte: 'Wäre ich doch vorher gestorben und ganz in Vergessenheit geraten!". Während der Wehen beim Geburtsvorgang musste sie sich an der Palme festhalten. Diese Situation ist für eine Frau, die während der Geburt allein gelassen wird, extrem hart. Bis heute sind bei Frauen, die gebären, meistens weibliche Angehörige zur Begleitung der Geburt mit dabei.

Nun tritt also die menschliche Normalität in härtester Form für Maria ein. Ihre Hauptsorge ist, wie sie dieses vaterlose Kind ihren Angehörigen vorstellen soll. Diese soziale Situation verursacht bei ihr die eigentlichen Schmerzen und gerade in dieser Lage geschieht im folgenden Vers wieder ein Wunder.

„24 Da rief er (d.h. der Jesusknabe) ihr von unten her zu: 'Sei nicht traurig! Dein Herr hat unter dir (d.h. zu deinen Füßen?) ein Rinnsal (voll Wasser) gemacht". Wer hier gerufen hat, ist nicht eindeutig. Bei dieser Übersetzung des Koran von Rudi Paret meint er, das sei der Jesusknabe. In der Originalsprache heißt es „fanadaha men tahtiha", was so viel bedeutet wie „er rief sie von unter ihr her". Jeder unbedarfte Leser muss annehmen, dass dies tatsächlich das Jesuskind ist, das gerade aus ihr herauskam.

Jesus sprach erst dann zum ersten Mal, als er als Säugling Marias Angehörigen vorgestellt wurde. Wenn Jesus als Säugling gleich nach der Geburt zu den Angehörigen Marias in der Wiege sprach, warum sollte er nicht unmittelbar nach dem Verlassen der Gebärmutter und gerade in dieser Notsituation seiner Mutter nicht zu ihr gesprochen haben? Außerdem welcher Sinn würde dahinterstecken, wenn das jemand anderes wäre, der von unter her ihr rufen sollte und das gerade während einer Geburt? Also sagt die Vernunft, dass es Jesus war, der da gerufen hat. Von keinem anderen, weder Mensch noch Geist, hätte Maria einen besseren Trost in ihrer Situation erhalten können außer von ihrem eigenen Sohn, der diese Schmerzen verursachte.

„25 Und schüttle den Stamm der Palme (indem du ihn) an dich (ziehst)! Dann läßt sie saftige, frische Datteln auf dich herunterfallen. 26 Und iss und trink und sei frohen Mutes (w. kühlen Auges)! Und wenn du (irgend)einen von den Menschen siehst, dann sag: Ich habe dem Barmherzigen ein Fasten gelobt. Darum werde ich heute mit keinem menschlichen Wesen sprechen“. Zu Vers 26 meint man im koranischen Kommentar: „Wörtlich: Kühle deine Augen: eine Redewendung für ‚Tröste dich und sei froh‘. Wir brauchen die wörtliche Bedeutung jedoch nicht ganz aus den Augen zu verlieren: sie sollte ihre (vielleicht tränenfeuchten) Augen mit dem Wasser des Bächleins kühlen und sich damit trösten, dass sie ein außergewöhnliches Kind bekommen hat. Sie sollte sich auch umsehen und, wenn sich jemand ihr näherte, jedes Gespräch verweigern. Es war wahr: sie stand unter einem Gelübde und konnte deswegen mit niemandem sprechen“ (Die Bedeutung des Korans Bd. 3, 1382). An einer anderen Stelle heißt es zum selben Vers: „Mit dem Hinweis auf ein Gelübde Gott gegenüber sollte sie jedes Gespräch mit anderen Menschen – Männern oder Frauen – ablehnen. ‚Fasten' bedeutet hier nicht buchstäblich Enthaltsamkeit von Speise und Trank. Gerade war ihr doch gesagt worden, sie solle Datteln essen und aus dem Bächlein trinken. Es bedeutet in diesem Fall Enthaltsamkeit von gemeinsamen Mahlzeiten und vom Umgang mit Menschen allgemein" (ebd. 1382).

„27 Dann kam sie mit ihm zu ihren Leuten, indem sie ihn (auf dem Arm) trug. Sie sagten: Maria! Da hast du etwas Unerhörtes begangen. 28 Schwester Aarons! Dein Vater war doch kein schlechter Kerl (w. Mann) und deine Mutter keine Hure". Aaron, Moses' Bruder, war der erste in der Linie des israelischen Priestertums. Maria und ihre Kusine Elisabeth (die Mutter Ayhyas) stammten aus der priesterlichen Familie und wurden deswegen als „Schwestern Aarons" oder „Töchter Imrans" (Aarons Vater) bezeichnet. Maria wurde an ihre edle Abstammung und an die beispiellose Tugendhaftigkeit ihres Vaters und ihrer Mutter erinnert. Wie tief war sie gefallen, sagte man, und wie sehr hat sie die Namen ihrer Vorfahren entehrt!" (ebd. 1383)

„29 Da wies sie auf ihn (d.h. den Jesusknaben). Sie sagten: Wie sollen wir mit einem sprechen, der als kleiner Junge (noch) in der Wiege liegt?" Dazu lautet der islamische Kommentar: „Was konnte Maria jetzt tun? Wie konnte sie die Sache erklären? Würden sie in ihrer kritischen Verfassung ihre Erklärung akzeptieren? Sie konnte nur auf das Kind zeigen, das, wie sie wusste, kein gewöhnliches Kind war. Und das Kind kam ihr zu Hilfe. Durch ein Wunder sprach es, verteidigte seine Mutter und predigte – einer ungläubigen Zuhörerschaft" (ebd. 1383).

„30 Er sagte: Ich bin der Diener Gottes. Er hat mir die Schrift gegeben und mich zu einem Propheten gemacht“. Hier ist exakt manifestiert, welche Bedeutung Jesus hat. Er sagt, er ist der Diener Gottes und weder Sohn noch Teilhaber an seiner Göttlichkeit.

„31 Und er hat gemacht, dass mir, wo immer ich bin, (die Gabe des) Segen(s) verliehen ist, und mir das Gebet (zu verrichten) und die Almosensteuer (zu geben) anbefohlen, solange ich lebe, 32 und (dass ich) gegen meine Mutter pietätvoll (sein soll). Und er hat mich nicht gewalttätig und unselig gemacht“. Vers 32 zeigt explizit, wie Jesus sich zu seiner Mutter verhält, nämlich pietätvoll im Gegensatz zu manchen Behauptungen im Neuen Testament, siehe Mt 12: 46-50 ***„46Da er noch also zu dem Volk redete, siehe, da standen seine Mutter und seine Brüder draußen, die wollten mit ihm reden. 47 Da sprach einer zu ihm: Siehe, deine Mutter und deine Brüder stehen draußen und wollen mit dir reden. 48Er antwortete aber und sprach zu dem, der es ihm ansagte: Wer ist meine Mutter, und wer sind meine Brüder? 49Und er reckte die Hand aus über seine Jünger und sprach: Siehe da, das ist meine Mutter und meine Brüder! 50Denn wer den Willen tut meines Vaters im Himmel, der ist mein Bruder, Schwester und Mutter.“*** (Luther-Bibel 1912) und Mk 3:31-35. ***„31Und es kam seine Mutter und seine Brüder und standen draußen, schickten zu ihm und ließen ihn rufen. 32Und das Volk saß um ihn. Und sie sprachen zu ihm: Siehe, deine Mutter und deine Brüder draußen fragen nach dir. 33Und er antwortete ihnen und sprach: Wer ist meine Mutter und meine Brüder? 34Und er sah rings um sich auf die Jünger, die im Kreise saßen, und sprach: Siehe, das ist meine Mutter und meine Brüder! 35Denn wer Gottes***

Willen tut, der ist mein Bruder und meine Schwester und meine Mutter." (Luther-Bibel 1912)

„33 ‚Heil sei über mir am Tag, da ich geboren wurde, am Tag, da ich sterbe, und am Tag, da ich (wieder) zum Leben auferweckt werde!' 34 Solcher Art (w. Dies) ist Jesus, der Sohn der Maria - um die Wahrheit zu sagen, über die sie (d.h. die Ungläubigen (unter den Christen?) (immer noch) im Zweifel sind. 35 Es steht Gott nicht an, sich irgendein Kind zuzulegen Gepriesen sei er! (Darüber ist er erhaben.) Wenn er eine Sache beschlossen hat, sagt er zu ihr nur: sei!, dann ist sie". Zu diesen Worten in Vers 35 in Bezug auf die Sohnschaft Jesu heißt es im koranischen Kommentar: „Ein Sohn ist jemand, den vergängliche Wesen brauchen, um sich selbst fortzusetzen, beziehungsweise als Hilfe in ihrer Schwäche. Gott ist jedoch ewig und unvergänglich. Er ist mächtig und bedarf keiner Hilfe. Alles, was Er schafft, geschieht durch das Wort ‚Sei!' und es wird. Und was er verwirklichen will, das geschieht nach Seinem Willen und nicht durch einen Sohn oder Helfer". (Die Bedeutung des Korans Bd. 3, 1996, 1385). An einer anderen Stelle desselben Kommentars heißt es: „Die Zeugung eines Sohnes ist eine physische Handlung, die von den Bedürfnissen der tierischen Natur des Menschen abhängig ist. Gott ist von allen Bedürfnissen unabhängig, und es ist entwürdigend für ihn, ihm eine solche Handlung zuzuschreiben. Eine solche Vorstellung ist nur ein Überbleibsel heidnischen und anthropomorphen Aberglaubens" (ebd. 1385).

In der Zeit Christi hatte der Mensch kaum eine Ahnung von der Macht des Schöpfers. In den Naturwissenschaften Physik, Chemie, Biologie,

Astronomie und Medizin kann man eine sehr winzige kleine Ahnung von seiner Macht erfahren.

4.3 Wie kam es zur Gottessohnschaft Christi?

Hans Küng schreibt in seinem Buch „Das Christentum" folgendes: „Feuerbachs Grundthese war: »Das Geheimnis der Theologie (ist) die Anthropologie.« Das heißt: Im Glauben an Gott stellt der Mensch sein menschliches Wesen gleichsam aus sich heraus, sieht es als etwas außer sich Existierendes und von sich selbst Getrenntes. Der Mensch projiziert sein Wesen also als selbständige Gestalt gleichsam an den Himmel, nennt es Gott und betet es an. Kurz: der Begriff von Gott ist nichts anderes als eine Projektion des Menschen: »Das absolute Wesen, der Gott des Menschen ist sein eigenes Wesen. Die Macht des Gegenstandes über ihn ist daher die Macht seines eigenen Wesens.« Gotteserkenntnis ist somit ein gewaltiges Schein-Werfen; »Gott« ist nichts als projiziertes, hypostasiertes Spiegelbild des Menschen von sich selbst, was die Eigenschaften des göttlichen Wesens aufs schönste bestätigen. Liebe, Weisheit, Gerechtigkeit Gottes? Sie sind in Wirklichkeit die Eigenschaften des Menschen, der menschlichen Gattung! Homo homini Deus est, der Mensch ist der Gott des Menschen: Das ist das ganze Geheimnis der Religion" (Küng 1994 35).

Fünfhundert Jahre v.Chr. haben die alten hellenistischen Philosophen ein philosophisches Problem behandelt, nämlich die Beziehung zwischen dem Individuum und seinem Wort. So hat man festgestellt, dass das Wort ein Ausdruck seiner geistigen Aktivität ist. Das ist vollkommen korrekt. Bis heute ist das so. Bevor ein Mensch ein Wort sagt, muss er darüber nachgedacht haben, was er sagen will. So haben die Philosophen das Wort in „Logos" umgewandelt und dieser Logos wurde zu einem Teil des Sprechers, weil das ein Ausdruck seines Geistes ist. Diese Beziehung haben die Judenchristen auf die Beziehung Gott - Christus angewandt. Warum war das so? Jesus war ein Vertreter der Menschen, der auf die Ebene Gottes gestellt wird. Man hat dabei vergessen, dass wenn man diesem höchsten Schöpfer aller Dinge einen Sohn gibt, der Mensch diesen Schöpfer auf die Ebene der Kreatur stellt.

Hans Küng schreibt: „Den Titel Gottessohn hat er - darin stimmt heute historisch-kritische Exegese überein - für sich nicht gebraucht. Erst *nach* seinem Tod, als man aufgrund der Ostererfahrungen glauben durfte, dass er nicht in Leid und Tod geblieben, sondern in Gottes ewiges Leben aufgenommen, zu Gott, seinem Vater, »erhöht« worden war, hat die *glaubende Gemeinde angefangen, den Titel »Sohn« oder »Sohn Gottes« für ihn zu gebrauchen.*“ (Küng 1984, 184). Christus als Jude lebend in einem jüdischen Umfeld und als Gottes Gesandter hätte niemals diese Behauptung gemacht. Seit wann kann die Kreatur ihr Geistesgut auf ihren Schöpfer anwenden? Das ist ein Ding der Unmöglichkeit. Hierin steckt eine ungeheure Portion an menschlicher Überheblichkeit. Das ist ein Beweis für das, was Feuerbach am Anfang dieses Kapitels geschrieben hat.

4.4 Die Kreuzigung Christi

Nicht einmal ein Mensch wird zulassen, dass sein Vertreter gekreuzigt wird. Sollte das der allmächtige Gott mit einem seiner wichtigsten Gesandten jemals machen lassen? In der 4. Sure, Vers 157f. heißt es: ***„157 und (weil sie) sagten: Wir haben Christus Jesus, den Sohn der Maria und Gesandten Gottes, getötet. - Aber sie haben ihn (in Wirklichkeit) nicht getötet und (auch) nicht gekreuzigt. Vielmehr erschien ihnen (ein anderer) ähnlich (so dass sie ihn mit Jesus verwechselten und töteten). Und diejenigen, die über ihn (oder: darüber) uneins sind, sind im Zweifel über ihn (oder: darüber). Sie haben kein Wissen über ihn (oder: darüber), gehen vielmehr Vermutungen nach. Und sie haben ihn nicht mit Gewißheit getötet (d.h. sie können nicht mit Gewißheit sagen, dass sie ihn getötet haben). 158 Nein, Gott hat ihn zu sich (in den Himmel) erhoben. Gott ist mächtig und weise“.***

Nach dem koranischen Kommentar heißt es sinngemäß zu diesem Vers: „Gott ärgerte sich über die Juden, die hier behaupten, dass sie Jesus Christus, den Sohn der Maria, den Gesandten Gottes, umgebracht haben. Die unumstößliche Wahrheit ist die, dass sie ihn weder getötet noch gekreuzigt haben. Denjenigen, den sie kreuzigten und töteten, war einer, der ihm ähnelte. Sie stritten sich hinterher darüber, ob es sich bei dem Gekreuzigten wirklich um Jesus handelte und sie sind sich alle absolut nicht im klaren darüber, ob es sich wirklich um Jesus Christus handelte. Die Wahrheit ist aber, dass sie etwas behaupten, wovon sie wirklich keine Ahnung haben und sie haben Jesus niemals getötet“ (Korankommentar von Al Muntachab

1979, 139). Warum hat Gott dafür gesorgt, dass derjenige, der anstelle von Christus am Kreuz hing, ihm ähnlich sah? Hierin steckt eine ungeheure Portion an Gottes Barmherzigkeit der Kreatur namens Mensch gegenüber. Gott war es gleichgültig, ob die Menschen geglaubt haben, dass er seinen Sohn extra für die Menschheit geopfert hat oder nicht. Die Hinterlassenschaft Christi für den Frieden unter den Menschen ist wichtiger für Gott als der Glaube an Ihn selbst. Alle seine Offenbarungen von Abraham über Moses, Jesus und Mohammed sollten dafür sorgen, dass die Menschen friedlich miteinander leben. Für den verständigen Menschen gibt es hier eine Riesenportion an Barmherzigkeit des Schöpfers. Gott hätte hier seine Wirkungsweise öffentlich machen können, um seine Macht vorzuführen. Hier ist ein Beweis dafür, dass an wen der Mensch glaubt, ihm völlig unwichtig ist. Die Hauptsache ist die Hinterlassenschaft Christi wie Nächstenliebe, Barmherzigkeit...usw. Dieser Schöpfer, der den gesamten Kosmos geschaffen hat, hätte alles, was er wollte, ohne weiteres machen können. Dass das aber so ist, verdanken die Christen seiner unendlichen großen Barmherzigkeit.

Die Ähnlichkeit dessen, der an Jesu Stelle den Kreuzestod starb (Sure 4, 157), ist von ungeheurer Wichtigkeit, d.h. dass der Christ, der an den Kreuzestod Christi glaubt, absolut im Recht ist. Das impliziert den Willen Gottes, dass die Christen eben dies glauben.

Derjenige, der anstelle von Christus am Kreuz war und der exakt wie Jesus ausgesehen hat, ist nicht am Kreuz gestorben, wofür der Allmächtige gesorgt hat. Deshalb ist er vom Grab am 3. Tag auferstanden. Christus war vorher schon lange beim Allmächtigen.

Die 2. These über den Tod Jesu muss lauten, dass er in dem Sinne abberufen wurde, in dem Gott ihn von der Erde lebendig wegnahm (rafa ahu Allah ilaihi) und zu sich erhöhte. Beide Thesen sind bei den Koranauslegern vertreten.

Angenommen Jesus wäre der Sohn Gottes, was wäre dieser für ein Vater, der so etwas mit seinem Sohn machen lässt? Wenn Jesus damit die Sünden der Menschen auf sich genommen hat, dann leben die Christen heute absolut ohne Sünden. Leider Gottes zeigt die Realität eine völlig andere Wahrheit. So gesehen kann diese Annahme nicht stimmen.

Ich hoffe, dass der christliche Leser die Wichtigkeit Marias und erst recht ihres Sohnes Jesus für uns Muslime anhand der bisher aufgeführten koranischen Verse erkannt hat. Dieser Tatbestand ist sehr wichtig für einen christlich-islamischen Dialog. Gerade der Prozeß der Globalisierung macht diesen interreligiösen Dialog unter der Bewahrung der jeweiligen religiösen Identität nicht nur notwendig, sondern er ist eher ein Stück geistiger Pluralismus, der eine Bereicherung für beide Seiten bedeuten kann. Glaubt jeder von uns, Jude, Christ oder Muslim, Gottes Wahrheit allein gepachtet zu haben, so ist man grausam naiv, denn seit wann kann die Kreatur die Wahrheit ihres Schöpfers erfassen? Dieser allmächtige Schöpfer gab jedem von uns so viel von seiner Wahrheit, die die Kreatur begreifen kann. Ich kann meine islamische Wahrheit um den christlichen und jüdischen Anteil vergrößern, indem ich mit beiden brüderlich umgehe und das ist exakt die Intention dieses barmherzigen Erbarmers.

4.5 Die Trinitätslehre

Wieso entstand die Trinitätslehre erst 325 Jahre nach Christus? Es gab ein heilloses Durcheinander unter den Kirchen, bis Konstantin, der erste christliche römische Kaiser, kam und alle Oberhäupter der Kirchen nach Nicäa, eine Stadt in der heutigen Türkei, einlud, um das Dogma der Trinitätslehre festzulegen. Wer das nicht geglaubt hat, kam damals ins Gefängnis. Wie lässt sich dies mit dem Ersten Gebot der Zehn Gebote: Ich bin der Herr, dein Gott. Du sollst keine anderen Götter haben neben mir. vereinbaren? Hans Küng schreibt folgendes zu dieser Problematik:

„Warum ist eigentlich nie die Rede vom »drei-einigen Gott«? Müßte nicht gerade im Neuen Testament von diesem »drei-einigen« oder »dreifaltigen Gott«, von der »Dreifaltigkeit«, der »Trinität« die Rede sein, wenn es sich hier, wie manche Theologen sagen, geradezu um das »Zentralgeheimnis« des Christentums handeln soll? Doch: Wo ist im Neuen Testament die Rede von einer Trinität?" oder „So viele triadische Formeln es im Neuen Testament auch gibt, so steht doch von einer »Einheit« dieser drei doch höchst verschiedenen Größen, einer Einheit auf gleicher göttlicher Ebene, im ganzen Neuen Testament kein Wort. Es gab freilich im ersten Johannesbrief einmal einen Satz (Comma Johanneum), der im Zusammenhang des Wortes vom Geist, vom Wasser und vom Blut stand und anschließend vom Vater, vom Wort und vom Geist redete, die »eins« seien. Doch historisch-kritische Forschung hat diesen Satz als eine im dritten oder vierten Jahrhundert in Nordafrika oder in Spanien entstandene Fälschung entlarvt, und es nützte der römischen Inquisitionsbehörde nichts, dass sie diesen Satz noch zu Beginn unseres Jahrhunderts als authentisch zu verteidigen suchte“ (Küng 1994, 126f).

Küng schreibt weiter in seinem Buch „Christentum und Weltreligionen“: „Nur an einer Stelle im ganzen Neuen Testament wird klar bejaht, dass Vater, Sohn (Wort) und Geist »eins« sind (vgl. 1 Jo 5,7 f.), und gerade diese Stelle findet sich in den alten Handschriften des Neuen Testaments nicht; sie ist nämlich - wiewohl in ihrer Authentizität von der römischen Glaubenskongregation (Sanctum Officium Sanctissimae Inquisitionis) noch um die Jahrhundertwende verteidigt - heute allgemein als Fälschung erkannt: entstanden im 3. oder 4. Jahrhundert in Nordafrika oder Spanien“ (Küng 1984, 184). Man spricht heute vom Comma Johanneum.

Was sagt der Islam zur Trinität? Im Koran heißt es: ***„171 Ihr Leute der Schrift! Treibt es in eurer Religion nicht zu weit und sagt gegen Gott nichts aus, als die Wahrheit! Christus Jesus, der Sohn der Maria, ist nur der Gesandte Gottes und sein Wort, das er der Maria entboten hat, und Geist von ihm. Darum glaubt an Gott und seine Gesandten und sagt nicht (von Gott, dass er in einem) drei (sei)! Hört auf (so etwas zu sagen)! Das ist besser für euch. Gott ist nur ein einziger Gott. Gepriesen sei er! (Er ist darüber erhaben) ein Kind zu haben. Ihm gehört (vielmehr alles), was im Himmel und auf der Erde ist. Und Gott genügt als Sachwalter“*** (Sure 4, 171) . An einer anderen Stelle im Heiligen Buch der Muslime heißt es: ***„73 Ungläubig sind diejenigen, die sagen: 'Gott ist einer von dreien.' Es gibt keinen Gott außer einem einzigen Gott. Und wenn sie mit dem, was sie (da) sagen, nicht aufhören (haben sie nichts Gutes zu erwarten). Diejenigen von ihnen, die ungläubig sind, wird (dereinst)***

eine schmerzhafte Strafe treffen" (Sure 5, 73). Adel Khoury schreibt in seinem Buch „Der Islam und die westliche Welt" folgendes: „Diese Stellen bauen einen Widerspruch auf zwischen dem Monotheismus („Gott ist doch ein einziger Gott"; „wo es doch keinen Gott gibt außer einem einzigen Gott") und der Aussage der Christen über Gott als drei. Wie aber soll die Angabe „drei" näher verstanden werden? Darüber gehen die Meinungen der muslimischen Kommentatoren auseinander. Die einen, vor allem in der ersten Periode der Koranexegese, denken an drei Götter und verstehen die christliche Trinitätslehre als Glauben an drei Götter. Einige dieser Kommentatoren meinen sogar, präzisieren zu können, welche Götter das seien. Al-Zadjjadj und al-Farra' zum Beispiel ziehen hier eine weitere Stelle des Korans heran: Im Himmel fragt Gott Jesus Christus: ***„O Jesus, Sohn Marias, warst du es, der zu den Menschen sagte: `Nehmt euch neben Gott mich und meine Mutter zu Göttern?"`*** (5,116). Außerdem betont der Koran an die Adresse der Christen, dass Jesus und Maria wie gewöhnliche Sterbliche Speise zu sich nahmen (5,79). Durch die Heranziehung dieser Koranstellen könne man die Trinität identifizieren als Vater, Mutter (Maria) und Sohn (Jesus Christus). Andere Kommentatoren und vor allem die Theologen der späteren Zeit, die eine bessere Kenntnis von der christlichen Trinitätslehre besaßen, beziehen die Aussagen des Korans eher auf die drei Hypostasen in Gott" (Khoury 2001, 80 f.). Adel Khoury ist ein Christ und Professor für christliche Religionswissenschaft. Er war 23 Jahre lang Leiter des Seminars für Religionswissenschaft an der Universität Münster.

Über die Ansicht der aktuellen Islamtheologen bezüglich der Trinität schreibt Khoury folgendes: „Der Glaube an drei Hypostasen wird von den Kommentatoren und den Theologen des Islams zurückgewiesen, weil diese Hypostasen - so lautet das Argument - nicht nur als Eigenschaften Gottes (die der Koran selbst anerkennt), sondern als drei subsistierende Wesen zu verstehen sind. Eine von ihnen (der Sohn) habe ja nach christlicher Auffassung in Jesus gewohnt und seine Menschheit angenommen, eine andere (der Heilige Geist) habe in Maria gewohnt.

Damit wäre der christliche Glaube an die Trinität eine Beigesellung. Gott bekäme damit Teilhaber an seiner Göttlichkeit, an seiner Allmacht und an seiner Herrschaft. Dies muss zu den Unverträglichkeiten führen, die der Koran beim Polytheismus der Araber bereits entlarvt hat und die oben dargelegt wurden. Außerdem beinhaltet die Rede von Vater und Sohn den Hinweis auf eine leibliche Zeugung, die der Koran zurückweist und die auf Gott in keinem Fall anwendbar ist. Auch bedeutet die Beziehung Vater-Sohn, dass der Vater zeitlich vor dem Sohn bestanden haben muss.

Wenn man zudem die Hypostasen als Attribute Gottes begreifen will, dann stellt sich die Frage, warum die Christen bei der Aufzählung dieser Attribute bei der Zahl drei stehen bleiben und nicht eine viel höhere Zahl annehmen.

Endlich weist der Begriff von Hypostase bzw. Person auf ein selbständiges Individuum hin, so dass mit der Zahl von drei Hypostasen die Zahl von drei Göttern unweigerlich gegeben ist“ (ebd. 81).

Es ist erstaunlich, welche Freiheiten sich der Mensch nimmt gegenüber Christus und erst recht gegenüber dem allmächtigen Schöpfer. Eines ist absolut sicher: Der Glaube der Kreatur spielt beim allmächtigen Schöpfer gar keine Rolle. Er will nur, dass diese Kreatur namens Mensch in Frieden lebt und das ist seine Hauptintention. Er gibt der Kreatur immer noch seine Gaben, unabhängig davon, was diese gegen seine Botschafter oder gegen ihn gemacht hat. So barmherzig ist dieser allmächtige Schöpfer. Er gab dem Menschen einen Geist, der eine gefährliche Eigenschaft hat, denn er besitzt die Eigenschaft eines zweischneidigen Schwertes. Man kann seinen Geist einsetzen um jemand umzubringen oder um ein menschliches Leben zu retten. Warum ist das so? Gott will, dass die Kreatur, die zu ihm gelangen möchte, das aus ureigener Initiative macht, mehr nicht. Mit anderen Worten, der Mensch, der seinen eigenen Geist missbraucht, um diesen Schöpfer zu hintergehen, betrügt sich selbst. Gott weiß, was geschieht, bevor es vollzogen wird. Wir Menschen profitieren nur von seiner Barmherzigkeit. Er kennt nicht nur die Vergangenheit, sondern auch die Zukunft, bevor etwas geschieht. Seine Barmherzigkeit ist fast so groß wie seine Fähigkeiten.

Hier möchte ich nun die wichtigsten koranischen Aussagen bezüglich der kirchlichen Trinitätslehre aufführen.

„In der 5. Sure, Vers 72f. heißt es klar und unmißverständlich: ***„72 Ungläubig sind diejenigen, die sagen: Gott ist Christus, der Sohn der Maria. Christus hat (ja selber) gesagt: Ihr Kinder Israels! Dienet Gott, meinem und eurem Herrn! Wer (dem einen) Gott (andere Götter) beigesellt, dem hat Gott (von vornherein) den Eingang in das Paradies versagt (w. das Paradies verboten). Das***

Höllenfeuer wird ihn (dereinst) aufnehmen. Und die Frevler haben (dann) keine Helfer.“

Hier erkennt man, dass die Trinitätslehre vom Islam klar und eindeutig abgelehnt wird. Ich weiß zwar nicht, ob ein gläubiger Christ, wenn er betet, wirklich drei verschiedene, voneinander unabhängige Gottheiten gleichzeitig anbetet; ich neige dazu, es nicht zu glauben, denn es widerspricht dem natürlichen Gefühl des Menschen, ein Gefühl der Ehrfurcht gerecht auf drei Gottheiten verteilen zu können. Diejenigen, die mit „ungläubig“ im vorigen Zitat bezeichnet wurden, sind dann jene, die nach dem islamischen Verständnis zu drei Gottheiten zugleich beten würden. Bei diesem Problem fehlt es uns Muslimen an einer sehr wichtigen elementaren christlichen Information, die ich dank meines langen Aufenthalts in dieser christlichen Welt und meinem Interesse an Glaubensfragen erfahren habe, nämlich dass nach der kirchlichen Lehre diese drei, Gott Vater, Gott Sohn und der Heilige Geist, eine christliche Erscheinungsform Gottes sind.

Ich spreche hier bewußt von einer Information, da diese, wenn man offen und ehrlich ist, sehr schwer zu begreifen ist. Deshalb kann ich nicht von einem Lernvorgang sprechen. Ich stehe vermutlich mit diesem Problem nicht allein da, da es eine ganze Menge Christen gibt, die mit der gleichen Problematik zu kämpfen haben. Die krassen Gegensätze im Bereich des Selbstverständnisses beider Religionen könnten im Rahmen eines Dialogs gemildert werden.

Bei allem Verständnis und Toleranz, die man dieser christlichen Darstellung Gottes als Dreifaltiger entgegenbringt, wieso heißt es dann in Mt 4, 10, wie folgt: ***„...Du sollst anbeten Gott, deinen HERRN, und ihm allein dienen“.*** Oder in Lk 18, 19: ***„Jesus aber sprach zu ihm: Was heißest du mich gut? Niemand ist gut denn der einige Gott“.*** Diese Diskrepanz zwischen der Forderung Christi und der Trinitätslehre kann nur den Christenmenschen, dessen logisches Denkvermögen bereits in der Schule gefordert und trainiert wird, entweder zu einem schizophrenen Menschen, wenn er seinen Glauben beibehalten will, machen, oder er distanziert sich unbewusst von der Institution um seinen Glauben an den einen Gott zu bewahren.

Eine weitere Bestätigung der Einzigkeit Gottes findet sich in Mk 12, 29f. ***„29 Jesus aber antwortete ihm: Das vornehmste Gebot vor allen Geboten ist das: ‚Höre Israel, der HERR, unser Gott, ist ein einiger Gott; 30 und du sollst Gott, deinen HERRN, lieben von ganzem Herzen, von ganzer Seele, von ganzem Gemüte und von allen deinen Kräften.' Das ist das vornehmste Gebot“.*** Die islamische Darstellung von der Einzigkeit Gottes wird sogar, wenn man die letzten Bibelzitate sieht, eindeutig durch das Evangelium bestätigt“ (Ginaidi 2002, 119ff.).

Zu den Aussagen über „Trinität“ schreibt Hans Küng wie folgt: „Solche Aussagen müssen von vornherein gegen weitverbreitete islamische (und oft auch christliche) *Mißverständnisse* abgesichert werden: Auch nach dem Neuen Testament darf aus der Rede vom Vater und Sohn auf keinen Fall eine Zwei-Götter-Lehre (Bi-theismus und dann Tri-theismus) gemacht werden. Nein, Gott ist wie für Jesus so auch für Christen aller Zeiten immer der eine und einzige geblieben. Es gibt - auch in der Bibel - außer Gott keinen anderen Gott! Zwischen Monotheismus und Polytheismus gibt es nach dem Neuen Testament - allen theologischen Spekulationen zum Trotz - kein Drittes. Nach dem Neuen Testament gibt es freilich auch keine einfache Identität zwischen Gott und Jesus, wie dies in heterodoxen Strömungen der ersten Jahrhunderte (Monarchianismus, Modalismus) geschah: Der Sohn ist nicht Gott, der Vater, und Gott, der Vater, ist nicht der Sohn: »Sohn« ist nicht einfach ein Name (Modus) Gottes;..." ((Küng 1984, 187).

Bertram Stubenrauch schreibt in seinem Buch „Dreifaltigkeit" folgendes: „Kein Geringerer als Johann Wolfgang von Goethe hatte in seiner Gedichtesammlung „Westöstlicher Divan" von 1819 unterstellt: ‚Jesus fühlte rein und dachte nur den Einen Gott im Stillen; wer ihn selbst zum Gotte machte, kränkte seinen heil'gen Willen.' Dass es auch *Dogmenhistoriker* gibt, die wie Goethe votieren, zeigt eine relativ junge Veröffentlichung zum Thema ‚Trinität` aus der Feder von *Karl-Heinz Ohlig.* Seiner Meinung nach ist die monotheistische Grundeinstellung Jesu seit dem zweiten nachchristlichen Jahrhundert trinitätstheologisch interpretiert und damit in der Wahrnehmung verändert worden. Anlass sei die Hellenisierung schon des Frühjudentums gewesen: die Durchdringung biblischer Überlieferungen mit Gedanken der griechischen Philosophie. Dort ist der Gottesbegriff mit den Vorstellungen ‚Unveränderlichkeit` und Überweltlichkeit` verknüpft, was ihn für geschichtsbezogene Religionsformen unbrauchbar macht. In kulturelle Zugzwänge gebracht, so Ohlig, habe die christliche Theologie Jesus von Nazaret und später auch den Heiligen Geist zu gottähnlichen Mittlerwesen, zu einer Art von Hilfsgöttern stilisiert" (Stubenrauch 2002, 11f.).

Das menschliche Wirken im Namen Christi gepaart mit der eigenen Überheblichkeit lässt manche Kaiser als Vermittler zwischen Mensch und Gott nach Achenbach und Kriege in ihrem Buch „Päpste und Macht“ schreiben: „Die christlichen Kaiser waren jetzt also die Mittler zwischen Gott und den Menschen. Sie waren für das Seelenheil ihrer Untertanen verantwortlich. In diesen Gedanken sind die Ursprünge der Ideologie vom Gottesgnadentum eines Herrschers angelegt, die noch bis in die Neuzeit in der abendländischen Geschichte anzutreffen war. Nur mit dem Unterschied, dass ein spätantiker christlicher Kaiser sich sein Diadem selbst aufsetzte. Eine Krönungszeremonie durch andere hätte er nicht zugelassen. Denn der antike christliche Kaiser, und niemand anderes, war der Stellvertreter Gottes auf Erden“ (Achenbach/Kriege 2006, 38). Sie führen weiterhin auf: „In Deutschland tobte seit Jahren ein Bürgerkrieg, in dem Heinrich und der Gegenkönig Rudolf um die Vorherrschaft kämpften. 1080 verhängte Gregor VII. dann zum zweiten Mal den Bann über Heinrich. Mit der Begründung, Heinrich IV verweigere jedes Gespräch, den Streit im Reich beizulegen und beweise damit weiterhin seinen Ungehorsam. Gregor VII. gefiel sich in der Rolle, Herrscher zu tadeln, wenn sie ihm nicht gehorchen wollten. Doch die Auftritte des Papstes als universaler Herrscher zeigten nicht die erwartete Wirkung. Gregor hatte sich verschätzt. Ein zweites Canossa hätten auch die meisten Fürsten und Bischöfe von Heinrich nicht mehr verlangt. Im Reichsepiskopat machte sich Unmut breit. Immer häufiger wurden Stimmen laut, die eine Absetzung Gregors forderten, der sich mit seinem rigorosen päpstlichen Zentralismus neue Feinde gemacht hatte“ (ebd. 117).

Die Vertreter Christi, hier sind die Päpste gemeint, sollten eigentlich ein Vorbild für die Menschen sein und es wäre eine große Ehre für sie, wenn sie diese Aufgabe erfüllt hätten. Was machen sie in Wahrheit? Sie versuchen, ihre Position, die theologisch bedingt ist, über das Weltliche hinaus zu vergrößern. Hierin liegt eine Projektion der Eigenschaft des menschlichen Geistes, der wie ein zweischneidiges Schwert wirkt, wie bereits erwähnt. Gott will, dass der Mensch, der zu ihm gelangen möchte, dies aus ureigener Initiative macht. Was Papst Gregor VII. gegen den weltlichen Herrscher unternahm, widerspricht der Absicht Christi, was den Frieden anbetrifft. So gesehen liegt dieses Verhalten unter der Würde Christi. Jesus war die Krone der Demut trotz der Eigenschaften, die Gott ihm auf dem Lebensweg mitgegeben hat, z.B. Kranke zu heilen und viele Wunder zu vollbringen. Wenn man heute manche Päpste anschaut, so symbolisieren sie die Arroganz. Die Bezeichnung „Heiliger Vater“ ist insofern blasphemisch. Kein Gesandter Gottes hat sich mit „heilig“ bezeichnet und wenn ein Papst wirklich heilig wäre, warum kann er sich vor Krankheiten oder dem Tod nicht schützen? Heilig ist nur ein Einziger und das ist der allmächtige Schöpfer.

In der Bibel heißt es: ***„Seid fruchtbar und mehret euch“*** (Gen 1, 22). Wie verträgt sich dieser Satz mit dem Zölibat? Wenn Gott einer Mücke zwei Flügel gibt, so macht sie davon Gebrauch und fliegt. Gibt er dem Mann seine entsprechenden Organe für das Zeugen von Kindern, so ist der Verzicht auf diese nicht gottgewollt.

Als ich mit meiner Familie den Petersdom in Rom besuchte und das folgende Bild sah, kamen mir fast die Tränen.

Wie verträgt sich so etwas mit der Bibelaussage: ***„8 Du sollst dir kein Bildnis machen, keinerlei Gleichnis, ...“*** (Dtn 5, 8) und das ausgerechnet im Vatikan? Als Muslim kommen mir die Tränen, wenn ich in der Literatur darüber lese, was der Mensch alles im Namen Christi gemacht hat. Wie kann der Mensch seinen Schöpfer als Kreatur darstellen? Hierin stecken wieder naive Motivationen. Es war immer so, dass der Mensch sich auf die Ebene Gottes stellen oder umgekehrt, den Schöpfer auf die menschliche Ebene stellen wollte. Der Motor für solche Aktionen ist der eigene Egoismus. Jesus hat uns gezeigt, was Demut ist. So müsste die Kreatur diesen Weg zu Gott nehmen und den eigenen Egoismus, gerade wenn es um Fragen Gottes geht, abtöten.

4.6 Der Ehrentitel Marias, „die heilige Mutter Gottes“

Es ist für viele Christen sehr irritierend, ob Jesus Gottes Sohn oder Gott selbst ist. Diese Freiheit, die sich der Mensch genommen hat, läßt leider viele Christen ihren Weg zu Gott verlassen und das tut mir als Muslim weh. So etwas haben weder Gott noch Jesus verdient. Wie kam es aber dazu, aus Jesus Gott zu machen? Hans Küng schreibt folgendes: „Wer freilich christliche, katholische Frömmigkeit von innen kennt, weiß, wie oft in der Volksfrömmigkeit diese für Theologen klaren Grenzen immer wieder verwischt wurden. Ein besonders eklatantes Beispiel ist katholischerseits einmal mehr die Verehrung des weiblichen Prinzips der »Gottheit«, wie es die »Gottesmutter« darstellt: Maria, der man seit Thomas von Aquin auch in der westlichen Kirche nicht nur Doulia = Verehrung, sondern Hyperdoulia = Überverehrung zubilligte, und dies in Formen, die oft an heidnische Vorbilder gemahnen (bekanntlich wurde die Gottesmutterschaft 431 aufgrund eines »Handstreichs« des alexandrinischen Bischofs Kyrill in der Stadt Ephesos definiert, dem Kultzentrum der Magna Mater); das Zweite Vatikanische Konzil musste gegen marianische Exzesse Stellung nehmen“ (Küng 1984, 375). Die Liebe zu den Gesandten Gottes läßt viele Menschen irre Wege gehen. Ein Beispiel hierfür liefert unser Prophet Mohammed. Als er am 8. Juni 632 gestorben war, gab es viele Araber, die glaubten, Gott sei mit ihm gestorben. Sie begannen, die berühmten Persönlichkeiten innerhalb der islamischen Glaubenslehre so sehr zu lieben und erklärten sie für heilig. Die Steine, auf diese Menschen saßen und die Palmen, unter denen sie beteten, wurden auch für heilig erklärt. Man begann, die Steine zu küssen und anzubeten. Diese Verhaltensweisen führten dazu, dass Mohammed Abdel Wahhab diese Menschen mit dem Schwert bekämpfte aus Angst davor, die Religion könnte verfälscht werden. Ihm zur Seite stand der erste saudi-arabische König Ibn Saud mit seinen Truppen. In der vorislamischen Zeit hatte man sowieso Statuen angebetet, bis die Offenbarung Gottes über den Propheten Mohammed kam. Diese Reaktion war die Geburt des Wahhabismus in Saudi-Arabien.

Was der Mensch glaubt, ist ein Teil seiner eigenen Identität. Man möchte natürlich auf dieser Welt der allerschönste sein und dies ist der Grund dafür, warum man andere heidnische Zusammenhänge auf das, was eigen ist, anwendet. Wie war die kosmische Vorstellung des Menschen im Jahr 431? Damals bestand der gesamte Kosmos aus der Erdscheibe und die Sterne waren Lichtpünktchen, die Gott geschaffen hatte, damit der Mensch nachts etwas sieht. Der Mensch war für das damalige Verständnis das allerhöchste, was Gott geschaffen hatte. Ein Mensch wie Jesus mit den Eigenschaften, die Gott ihm auf dem Lebensweg mitgegeben hat, Kranke zu heilen, Blinde sehend zu machen, muss ein Gott gewesen sein. Hierin liegt die Hauptmotivation für die Menschen, aus Jesus einen Gott zu machen. Dass diese Lichtpünktchen Sterne, Galaxien sind, die milliardenmal größer sind als unsere eigene Milchstraße, hat man damals nicht erahnen können. Dass das Licht von dort bis zu uns Milliarden Jahre benötigt, hat keiner gewußt geschweige denn die Größe der Lichtgeschwindigkeit. Sie beträgt 300 000 km in einer Sekunde. Das ist in Wahrheit die Schöpfung Gottes. Wer das schafft, schafft so viele Menschen wie Jesus, wie er will. Hier müssen diese naturwissenschaftlichen Erkenntnisse ihren

Einfluß auf die Dogmatik der Kirche haben. Jesus hat es nicht verdient, erst recht Gott nicht, dass viele Christen, die eine gesunde Intuition haben, seinen Weg verlassen. Wie kann ein Gott von seiner Kreatur (Maria) geboren werden? Ein Gott hat normalerweise eine unendliche Macht. Wie kann Jesus als Gott sich kreuzigen lassen? Viele Christen meinen, Gott sei in Jesus Mensch geworden und ließ sich kreuzigen um uns Menschen zu erretten. Die Ungereimtheiten über Jesus wie Gottes Sohn, Gott, der Sohn einer Kreatur, bezeugen, dass das ein Produkt der Menschen ist. Das, was Gott den Menschen offenbart, ist ziemlich eindeutig und klar. Dies ist der Unterschied zwischen Menschenwerk und Gottes Werk. Wie bereits erwähnt hat Jesus nie behauptet, er sei Gottes Sohn, was Hans Küng im oberen Kapitel über die Gottessohnschaft Christi geschrieben hat. Dies erscheint mir sehr logisch, denn Jesus als Jude lebte und wirkte in einem jüdischen Umfeld. Hätte er behauptet, er sei Gottes Sohn, so hätten ihn die Juden schon längst umgebracht.

Es gibt eine historische Problematik unter den drei abrahamischen Religionen, nämlich die ältere Religion erkennt die nachfolgende nicht an. So war Jesus für die Juden schlechthin der Teufel bis Anfang des 19. Jahrhunderts. Unser Prophet Mohammed war für die Kirche der Antichrist. Die einzige abrahamische Religion, die sowohl das Judentum als auch das Christentum voll anerkennt, ist der Islam. So sind Moses und Jesus koranisch manifestiert und sie werden als die Besitzer der Heiligen Schrift dargestellt. Ein Muslim hat an Gott, an seine Engel, an seine Bücher, an seine Gesandten angefangen bei Noah, über Abraham, Moses, Jesus bis hin zum Propheten Mohammed, an den Jüngsten Tag und die Vorsehung zu glauben. So sind diese Propheten häufiger koranisch manifestiert als unser eigener Prophet. Dass diese Gesandten Gottes den gleichen Wert bei Gott haben, beweist der folgende koranische Vers: „136 Sagt: 'Wir glauben an Gott und (an das), was (als Offenbarung) zu uns, und was zu Abraham, Ismael, Isaak, Jakob und den Stämmen (Israels) herabgesandt worden ist, und was Mose und Jesus und die Propheten von ihrem Herrn erhalten haben, ohne dass wir bei einem von ihnen (den anderen gegenüber) einen Unterschied machen. Ihm sind wir ergeben." (Sure 2, 136) Sogar die alttestamentlichen Propheten stehen auf der gleichen Ebene wie die anderen Gesandten Gottes. In diesem Vers spricht Gott mit Recht in der Wir-Form.

Diese Propheten stellen den Beweis für die Barmherzigkeit Gottes der Kreatur Mensch gegenüber dar. Wie bereits erwähnt gab Gott dem menschlichen Geist die Eigenschaft eines zweischneidigen Schwerts mit auf dem Lebensweg. Die eine Seite ist die gute Seite, die ethische, und die andere ist die bösartige Seite. Warum ist das so? Gott will, dass der Mensch, der zu ihm gelangen möchte, dies aus ureigener Initiative macht. Wie bereits erwähnt ist Jesus für uns Muslime die Verkörperung der Liebe Gottes an die Kreatur namens Mensch. Er ist koranisch 27mal als Jesus und 19mal als der Sohn Marias erwähnt. Unser eigener Prophet ist ganze 6mal koranisch erwähnt. Dieser Jesus ist das ausgesprochene Wort Gottes, das Gott in den Schoß Marias legte nach dem Motto: Es soll und es wird. Josef, der Mann Marias, existiert nirgends in der islamischen Theologie, damit die Möglichkeit einer anderen menschlichen Entstehung Christi nicht gegeben ist.

5. Gottes Barmherzigkeit gegenüber den Muslimen in seiner letzten Offenbarung

Nicht umsonst hat der Allmächtige einen Analphabeten auserwählt und ihm das Lesen befohlen. Die Muslime waren echte Muslime in der Zeit von 711 – 1492, hier sind die Mauren (Muslime) auf der Iberischen Halbinsel gemeint. In dieser Zeit brachten sie das Fundament des Fortschritts für die heutigen Europäer. Sigrid Hunke schreibt in ihrem Buch „Allahs Sonne über dem Abendland“ folgendes: „Die Astronomie hat für den Muslim eine tiefe religiöse Bedeutung. Der wunderbare Gang der Sterne, der Sonne und des Mondes ist ihm ein sichtbares Zeugnis der Allmacht und Allwissenheit dessen, von dem der Prophet ihm verkündet hat, dass „ER die Himmel und die Erde erschaffen und Finsternis und Licht ins Sein gerufen hat und dessen Wissen Himmel und Erde umfaßt“. Daher kommt - sagt einer der größten arabischen Astronomen, al-Battani - die Wissenschaft von den Sternen „gleich nach den Dingen, die jeder Mensch von den Gesetzen und Einrichtungen der Religion kennen muss", denn „durch sie gelangt er zu dem Beweise der Einheit Gottes und zu der Erkenntnis der ungeheuren Größe, der höchsten Weisheit, der größten Macht, der Vollendung Seiner Tat".

Und die Astronomie hat für den Muslim eine eminent praktische Bedeutung.

War schon das Leben der Beduinen und auch der Fellachen, der Seßhaften, von der Gunst des Himmels und seinen Launen abhängig und auf praktische Gestirnskunde hingewiesen, um wieviel mehr verlangten jetzt die täglichen Forderungen der Religion nach ständiger Himmelsbeobachtung. Der Prophet hatte genaue Vorschriften für die gottesdienstlichen Handlungen aufgestellt. Nur ihre gewissenhafte Einhaltung gab dem Gläubigen die Gewähr, dass Gott seine Gebete in Gnaden aufnahm.

Dabei spielte auch die richtige Zeit eine Rolle. Jeder Muezzin, jeder Gebetsrufer an einer Moschee, musste ein kleiner Astronom sein und praktische Kenntnisse in der „Wissenschaft von den bestimmten Zeitpunkten" besitzen. Er musste mit seinen Instrumenten umzugehen verstehen, um nach dem Sonnenstand Beginn und Dauer der fünf täglichen Gebete auszurufen. Er musste nach den Bewegungen des Mondes Anfang und Ende des Ramadans, des Fastenmonates, errechnen können und den Zeitpunkt des Sonnenuntergangs wie den Anbruch der Morgendämmerung verkünden, die das Fasten begrenzen. Aber auch Sonnen- und Mondfinsternisse waren zu beachten, weil sie bestimmte kultische Pflichten aufgaben, und vor allem die Gebetsrichtung nach Mekka, wo immer auch der Gläubige sich vor Allah auf die Erde beugte. Die Beschäftigung mit den Himmelserscheinungen war für die Muslime nötiger als die tägliche Speise.

Darum griffen sie begierig wie Kinder nach allem, was sie von anderen lernen konnten. Und nachdem, vor allem an den Fürstenhöfen, über die Notwendigkeit, ihre Kenntnisse zu erweitern, hinaus die Lust an der Sache erst einmal erregt war, wurde die Astronomie zu einem ihrer Lieblingsgebiete wissenschaftlicher Betätigung. Mit Feuereifer stürzten sie sich darauf, selbst zu beobachten, zu messen, zu berechnen, wie der große Hipparch es auch getan hatte.

Sie bauten Sternwarten, deren berühmteste die des al-Mamun in Bagdad und in Damaskus, die der Fatimidenkalifen al-Asis und al-Hakim in Kairo waren und die später vom Sultan Adud ad-Daula wiederum in Bagdad im Garten seines Palastes errichtete, die des Seldschuken Malikschah in Naischapur im östlichen Persien, des Mongolen Hulagu in Maragha im westlichen Persien und des Tatarenfürsten Ulugh Beg in Samarkand“ (Hunke 1987, 80f.).

Das Astrolabium leistete den Arabern zahllose Dienste, unter anderem diente es ihnen als Taschenuhr

Quadrant des Muhammed ben Achmed aus Medina aus dem Jahr 839

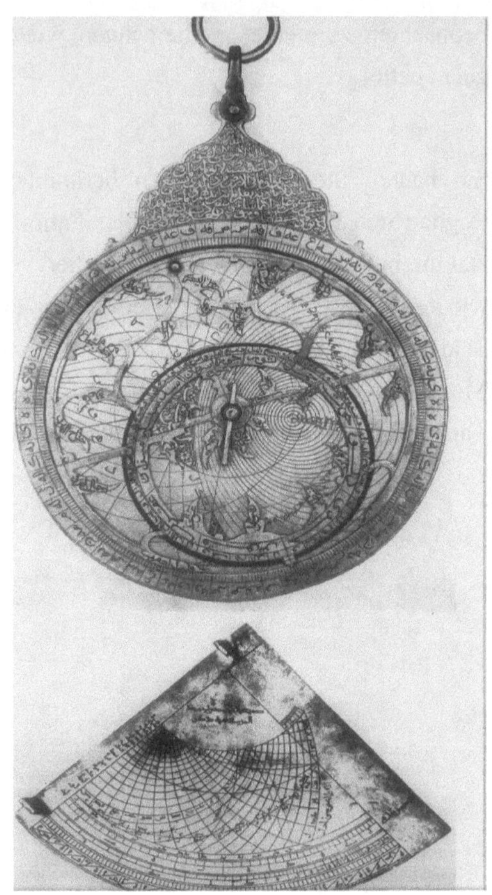

(Hunke 1987, 81).

Gerade die Astronomie zeigt der Kreatur namens Mensch andeutungsweise die Macht ihres Schöpfers. Koranisch ist folgendes manifestiert: ***„18 den Himmel, wie er emporgehoben worden ist, 19 die Berge, wie sie aufgestellt worden sind, 20 und die Erde, wie sie ausgebreitet worden ist?“*** (Sure 88, 18-20)

„Die Araber waren einfallsreiche Techniker und geschickte Mechaniker, wie Achmed ben Mussa bewiesen hatte. Viel Scharfsinn verwandten sie darauf, sich das Wasser dienstbar zu machen, von dem ihr Leben so stark abhing; für die Bewässerung des Bodens konstruierten sie allerlei Arten von Wasserschöpfrädern, Pumpen, Wasserhebemaschinen mit Hebelanordnungen, ja Vorrichtungen zum Heben des Wassers durch Anwendung von Feuer.

Dass sie sich schon an die Bezwingung der Lüfte wagten, ist kaum bekannt. Um 880 baute in Spanien der Arzt Ibn Firnas die erste Flugmaschine, die er mit Stoff und Federn bezog; wirklich gelang es ihm, sich mit ihr längere Zeit in der Luft zu halten und Gleitversuche durchzuführen, bis er eines Tages abstürzte und der uralte, kaum erfüllte Traum vom Ikaros wieder auf der Erde zerschellte.

Das Hauptinteresse der Araber aber galt astronomischen Instrumenten. Was ihnen von den Griechen überliefert worden war, genügte ihnen schon bald nicht mehr für die Aufgaben, die sie sich stellten. Immer wieder besserten sie daran, fügten Einzelteile hinzu, ersannen Neues und entwickelten die verschiedenen Beobachtungs- und Messgeräte zu jener Vollkommenheit, in der das Abendland sie von ihnen übernahm und bis zur Erfindung des Fernrohrs unverändert verwendete.

Als der Sohn Nassir ad-Dins Vorsteher der Sternwarte in Maragha war, besichtigte ein Besucher staunend „die vielen Beobachtungsinstrumente, darunter die Armillarsphäre, die aus fünf Ringen aus Kupfer bestand; der erste war der Meridian, der unten im Boden befestigt war, der zweite der Äquator, der dritte die Ekliptik, der vierte der Breitenkreis, der fünfte der Deklinationskreis oder Kolur der Nachtgleichen. Außerdem sah ich den Azimutalkreis“, erzählt er, „mit dem man das Azimut der Sterne bestimmt“ (Hunke 1987, 81ff.).

Hier wurden exemplarische Beispiele genannt, als die Muslime noch echte Muslime waren und ihren Islam vor Augen hatten. Die 1. Sure im Koran, die ein Analphabet (der Prophet Mohammed) in Empfang genommen hat, war die Aufforderung zum Lesen. ***„1 Trag vor im Namen deines Herrn, der erschaffen hat, 2 den Menschen aus einem Embryo erschaffen hat! * 3 Trag (Worte der Schrift) vor! Dein höchst edelmütiger Herr (oder: Dein Herr, edelmütig wie niemand auf der Welt) ist es ja, 4 der den Gebrauch des Schreibrohrs gelehrt hat (oder: der durch das Schreibrohr gelehrt hat), 5 den Menschen gelehrt hat, was er (zuvor) nicht wußte.“*** (Sure 96, 1-5) Im 1. Vers heißt es in Wahrheit nicht „Trag vor“ sondern „Lies“. In einer Höhle bei Mekka hat der Prophet meditiert und da erschien ihm der Erzengel Gabriel und hielt ihm ein Tuch vor, worauf etwas geschrieben stand und befahl ihm, zu lesen. Der Prophet sagte: „Ich kann nicht lesen.“ Nach der 3. Aufforderung zum Lesen hat ihn der Erzengel so fest umarmt, dass, wie der Prophet später berichtete, seine Seele dabei fast seinen Körper verlassen hätte und hauchte ihm die Sure ein. Diese Aufforderung zum Lesen hätte ein Vorbild für die Muslime bis heute bleiben sollen. Nur die Bildung, gerade in naturwissenschaftlichen Fächern, zeigt uns andeutungsweise die Macht des Schöpfers.

Dass man in Europa heute die arabischen Ziffern in Mathematik schreibt, ist weithin bekannt. Mit dem römischen Zahlensystem könnte man niemals das Dualsystem, die Sprache des Computers, schaffen. Würde man eine Zahl wie 1956 schreiben, so meinen die meisten Europäer, dass diese Zahl von links nach rechts geschrieben ist und das ist falsch. Die Ziffer 6 ist im Einersystem notiert, gefolgt von 5 im Zehnersystem, dann 9 im Hunderter- und 1 im Tausendersystem. So gesehen ist die Zahl von rechts nach links geschrieben, wie es die arabische Schreibweise bis heute noch ist.

5.1 Die Entstehung des allgemeinen, nicht militanten Fundamentalismus

Wie kam es dazu, dass sich die Muslime von diesem Niveau entfernt haben? Hier haben wir es mit einem Entfremdungsprozess zu tun. Dieser begann mit der Herrschaft der Osmanen im islamisch-arabischen Raum. Wie es dazu gekommen ist, wird im folgenden von Albert Hourani dargestellt.

„Die politische Teilung konnte man jedoch nicht als eine Teilung zwischen Arabern und Persern betrachten, denn ab dem elften Jahrhundert waren die meisten herrschenden Gruppen in beiden Gebieten weder von ihrer Sprache noch von ihrer politischen Tradition her arabischer oder persischer Herkunft, sondern Türken, die Nachfahren der kriegerischen Nomadenvölker Innerasiens. Ihr Vordringen über die nordöstliche Grenze in das islamische Reich hatte während der Abbasidenzeit begonnen. Zunächst waren es wenige gewesen, dann hatten ganze Gruppen die Grenze überschritten und waren Muslime geworden. Manche traten in die Armeen der Herrscher ein, und mit wachsender Macht entwickelten sie eigene Dynastien. Die Seldschuken waren türkischer Abstammung; als sie ihre Macht nach Westen und auf Anatolien ausdehnten, zogen Türken mit ihnen. Viele der in Ägypten herrschenden Mamluken kamen aus türkischen Gebieten; die Türken stellten den größten Teil der Krieger in den Armeen der Mongolen; und so hatte der Mongoleneinfall die permanente Ansiedlung großer türkischer Gruppen in Iran und in Anatolien zur Folge. Die militärische Stärke der späteren Dynastien der Osmanen, der Safawiden und der Moguln beruhte auf der Kampfkraft türkischer Armeen.

Die von Türken gegründeten Dynastien benutzten Formen des Türkischen als Militärsprache und am Hof. Aber mit der Zeit integrierten sich die Türken in die Welt der arabischen oder arabisch-persischen Kultur, oder sie fungierten zumindest als ihre Gönner und Beschützer. In Iran war Türkisch die Sprache der Herrscher und des Militärs, Persisch dagegen die Verwaltungs- und Kultursprache und Arabisch die Sprache von Religion und Recht. Im Westen war Arabisch die Herrschaftssprache, die Sprache der Staatsverwaltung und der Hochkultur; später änderte sich das bis zu einem gewissen Grad, als der Aufstieg des Osmanischen Reichs zur Entstehung einer eigenen osmanisch-türkischen Sprache und Kultur führte, die sowohl von hohen Beamten als auch im Palast und im Heer gesprochen und gepflegt wurde. Im Maghreb und den noch verbliebenen Gebieten des muslimischen Spanien war Arabisch die erste Sprache von Verwaltung und Hochkultur. Zwar spielten Berber aus dem Atlas und von den Rändern der Sahara von Zeit zu Zeit eine politische Rolle, doch sie wurden stets von der arabischen Kultur aufgesogen. Mit der Eroberung durch die Osmanen im sechzehnten Jahrhundert gelangte etwas von ihrer Sprache und von ihrer politischen Kultur bis zur Küste des Maghreb“ (Hourani 2000, 122f.).

5.2 Die Faktoren, die zum militanten Fundamentalismus führten

Die osmanische Herrschaft wurden in der Zeit des 1. Weltkriegs 1914 – 1918 von Engländern und Franzosen abgelöst. Durch diese Mächte wurde der Entfremdungsprozess wesentlich verstärkt. Man denke an die nordafrikanischen arabischen Staaten. Dort wird bis heute noch französisch gesprochen. In den anderen Ländern, die von Engländern beherrscht wurden, wurde bei offiziellen Veranstaltungen nur englisch gesprochen. Diesen Entfremdungsprozess habe ich leider selbst als Kind am eigenen Leib erlebt und ein Beispiel hierfür liefert mein eigener Vater. Als Kinderarzt, der in einem öffentlichen Krankenhaus arbeitete, musste er bei dortigen Ärzteversammlungen nach der englischen Methode handeln. Er musste einen dunklen Anzug mit Weste und Schlips tragen und das bei einer Temperatur von 48 Grad Celsius in Ägypten. Dass er dabei natürlich fluchte, war klar. Er beneidete jeden Bauern, der seine ägyptischen weiten Kleider in weißer Farbe trug. Die Sprache während der Versammlungen war natürlich englisch. Ich erinnere mich an einige Situationen, wo ich noch ein Kind war, als er manche englische Wörter gebrauchte, weil diese ihm schneller einfielen als die entsprechenden Begriffe in arabischer Sprache. Damals verstand kein Familienmitglied die englische Sprache, was dazu führte, dass wir meinen Vater auslachten und mit „Engländer" bezeichneten.

Nach der Befreiung von der englischen und französischen Herrschaft in der Mitte der 50er-Jahre hatten manche Muslime angefangen, sich an die eigene Religion fester zu klammern. Man bemühte sich darum, die wahre Religion zu realisieren. Diese sei rational, menschlich, demokratisch und fördere die wirtschaftliche Entwicklung; eine legale Regierung ist nicht die religiöse, sondern jene, die auf der nationalen Einheit basiere und deren Ziel Wohlstand und Gerechtigkeit sei. Einige der führenden zeitgenössischen Schriftsteller begannen nun, in einer eindeutig islamisch gefärbten Sprache zu schreiben, und auch sie legten den Schwerpunkt auf soziale Gerechtigkeit; für Taha Husain war der Kalif Umar ein Gesellschaftsreformer, dessen Gedanken denen der Neuzeit ähnelten.

Neben diesen Stimmen meldeten sich jetzt auch andere zu Wort, die erklärten, soziale Gerechtigkeit sei nur unter Führung einer Regierung erreichbar, die den Islam als Grundlage ihrer Politik und ihrer Gesetze betrachtete. Die Muslimbrüder wurden ein wichtiger politischer Faktor in Ägypten; in Syrien und einigen anderen Ländern waren sie bald eine ernstzunehmende Bewegung. Während der Jahre von 1945 bis 1952, der Zeit des Zerfalls des politischen Systems in Ägypten, schienen die Lehren der Muslimbrüder ein Prinzip des vereinten Handelns zu bieten, nach dem der Kampf gegen die Briten und gegen die Korruption in Einigkeit und Vertrauen geführt werden konnte. In der Nacht vom 22. zum 23. Juli 1952 ergriffen die ägyptischen Offiziere ohne Blutvergießen die Macht. Es schienen die Muslimbrüder, die enge Kontakte zu einigen der Offiziere hatten, ein wünschenswertes gesellschaftliches Leitbild zu bieten zu haben, an dem sich die Politik der neuen Regierung ausrichten konnte. Sie waren als einzige politische Organisation zunächst von dem Dekret ausgenommen, das die Auflösung aller politischen Parteien befahl. Die Beziehungen wurden jedoch bald feindselig, und nach einem Mordanschlag auf Abdel Nasser 1954 wurden einige Führer der

Muslimbrüder hingerichtet; danach ging die Gruppe in die Opposition und wurde zum wirkungsvollsten Gegenspieler der Regierung. Sie bot weiterhin ein Alternativmodell für eine gerechte Gesellschaft.

Der Gründer der Muslimbrüder, Hasan al-Banna, war in den Jahren der Wirren nach dem Krieg ermordet worden, aber andere Schriftsteller, die sich seiner Bewegung anschlossen, formulierten den Gedanken einer islamischen gerechten Gesellschaft - Mustafa as-Siba'i in Syrien und Saiyid Qutb (1906-66) in Ägypten. In einem berühmten Buch, *Al-adala al-idschti ma'iya* fi' l-islam (Soziale Gerechtigkeit im Islam) gab Saiyid Qutb eine eindrucksvolle Interpretation der islamischen Soziallehren. Er erklärte, für Muslime könne es im Gegensatz zu den Christen keine Trennung zwischen Glauben und Leben geben. Alles menschliche Handeln müsse als Gottesdienst gesehen werden. Koran und Hadith lieferten die Prinzipien, die allem Tun zugrunde liegen sollten. Der Mensch sei nur dann frei, wenn er befreit sei aus der Unterwerfung unter alle Mächte mit Ausnahme der Macht Gottes - befreit von der Macht der Priesterschaft, von Furcht und von der Beherrschung durch soziale Werte, durch menschliche Begierden und Neigungen.

Die Führer solcher Bewegungen in Ägypten und in anderen Ländern waren meist verhältnismäßig gebildete Männer mit einer hohen gesellschaftlichen Stellung, aber ihre Anhänger kamen zum größten Teil aus unteren Schichten. Es waren Menschen, die sich einen gewissen Grad an Bildung durch die arabische Sprache und weniger durch Englisch oder Französisch erworben hatten. Die Abgänger von Hochschulen in den meisten islamischen Ländern sind zu über 90% arbeitslos. Ein Beispiel hierfür ist folgendes: Als ich von Ägypten 1961 nach

Deutschland kam, hatte das Land zu dieser Zeit 16 Millionen Einwohner. Heute hat die Hauptstadt Kairo allein 35 Millionen Einwohner und die Anzahl der Gesamtbevölkerung Ägyptens liegt über 90 Millionen. Diese arbeitslosen Jugendlichen haben folgende Möglichkeiten: entweder den ganzen Tag mit ihren Freunden im Kaffeehaus zu sitzen, was natürlich Geld kostet oder die Zeit in der Moschee zu verbringen, was kein Geld kostet und gerade da werden sie von Fundamentalisten geworben. Man schiebt diese soziale Problematik auf die existierende Regierung und so nimmt die Anzahl der Fundamentalisten von Tag zu Tag zu. Die aktuellen Regierungen sind für sie vor allem an ihrer Arbeitslosigkeit schuld. Ein weiterer Faktor für diese Problematik ist die mangelnde Bildung. In Ägypten verdient ein Offizier mit drei Sternen auf der Schulter das Zehnfache eines Gymnasiallehrers und mehr als das Doppelte eines Universitätsprofessors. Diese Fundamentalisten sind relativ friedlich. Sie klammern sich nur an ihre eigene Glaubenslehre. Udo Steinbach, ein Professor für katholische Theologie in Hamburg, mit dem ich gemeinsam bei einer theologischen Veranstaltung im Lindenmuseum in Stuttgart war, sagte mir mit Recht, je niedriger der Bildungsgrad eines Volkes ist, desto krampfhafter klammert es sich an Äußerlichkeiten des Glaubens. Das ist exakt das, was heutzutage in den islamischen Ländern passiert. Man trägt seine weißen Kleider, man hat im Gesicht einen großen Bart und auf der Stirnfläche den berühmten dunklen Fleck als Beweis für das rituelle Gebet. Stellt man diesen Leuten Fragen über die eigene Glaubenslehre, so haben sie meistens davon keine Ahnung.

5.3 *Die Entstehung des militanten Fundamentalismus*

Wie kam es aber zum militanten Fundamentalismus, bei dem sich jugendliche Fundamentalisten in die Luft jagen und viele Menschen mit in den Tod reißen?

Der afghanisch-russische Krieg war daran schuld, dass es zu diesen militanten Fundamentalisten gekommen war. Durch den Militärputsch von 1973 wurde Afghanistan Republik. Nach ihrem Aufstand gegen den diktatorisch regierenden Staatspräsidenten M. Daud Khan (1973–78) übernahm die kommunistische Demokratische Volkspartei unter N. M. Taraki die Regierungsgewalt. Deren Politik orientierte sich streng an der UdSSR; Machtkämpfe innerhalb der Partei, hartes Vorgehen gegen Oppositionelle und vor allem die Landreform von 1979 zogen einen landesweiten Widerstand gegen das Regime nach sich. Unter Berufung auf den Freundschaftsvertrag von 1978 ließ daraufhin die UdSSR unter weltweitem Protest im Dezember 1979 Truppen in Afghanistan einmarschieren. Sie setzte B. Karmal als Staats-, Regierungs- und Parteichef ein und versuchte, die politisch uneinheitliche muslimische Guerillabewegung (Mudjahedin), die von Pakistan aus operierte und vor allem von den USA mit Waffenlieferungen unterstützt wurde, in verlustreichen Kämpfen zu unterdrücken. 1986 wurde B. Karmal durch M. Nadschibullah abgelöst, der angesichts des Scheiterns der sowjetischen Invasion und der verheerenden Folgen des Krieges (rund 1 Million Tote, 5 Millionen Flüchtlinge) eine Politik der nationalen Aussöhnung verkündete. Von Mai 1988 bis Februar 1989 zog die UdSSR, die selbst hohe Verluste (etwa 14 000 gefallene Soldaten) erlitten hatte, ihre Truppen vollständig aus Afghanistan ab.

Die Machtergreifung durch die Mudjahedin: Die antikommunistischen Widerstandsorganisationen bildeten im Februar 1989 eine Gegenregierung. Im Juni 1990 gab die kommunistische Regierungspartei ihr Machtmonopol auf (Umbenennung in Heimatlandpartei). Im Mai 1991 akzeptierte die Regierung einen Friedensplan der UN (Waffenstillstand, Übergangsregierung auf breiter Basis, Vorbereitung freier Wahlen). Bis zum Frühjahr 1992 brachten die Mudjahedin den größten Teil von Afghanistan militärisch unter ihre Kontrolle. Nach dem Sturz Nadschibullahs im April 1992 und der unblutigen Besetzung der Hauptstadt Kabul durch Truppen der muslimischen Rebellen übernahm ein von diesen gebildeter Übergangsrat die Macht. Im selben Jahr verbot die muslimische Führung die ehemalige Regierungspartei und leitete einen verstärkten Islamisierungsprozess ein, z.B. die Einführung islamischer Gesetze. Die ausbrechenden Kämpfe zwischen rivalisierenden Mudjahedin-Gruppierungen vor allem um die Kontrolle Kabuls wurden trotz eines Vertrages über Gewaltverzicht Ende April 1992 und eines Friedensabkommens im März 1993 nicht beendet. Darüber hinaus führte die Unterstützung der afghanischen Mudjahedin für den 1992 ausgebrochenen bewaffneten Kampf der islamischen Opposition in Tadschikistan zu einer Konfliktsituation in dem durch russische Truppen überwachten afghanisch-tadschikischen Grenzterritorium.

Afghanistan unter den Taliban: Die Milizen der seit 1994 von Pakistan aus in den Bürgerkrieg eingreifenden radikalislamischen paschtunischen Taliban eroberten in wenigen Jahren den Großteil des

Landes und errichteten in ihrem Herrschaftsgebiet eine repressive Religionsdiktatur (Verfolgung der Schiiten, Entrechtung der Frauen, Behinderung der Arbeit von UN und Hilfsorganisationen). Mit der Einnahme von Kabul riefen die Taliban unter ihrem Führer Mullah Mohammed Omar am 27. 9. 1996 einen islamischen Staat aus, der seit Oktober 1997 von diesen als Islamisches Emirat Afghanistan bezeichnet wird. Bei ihrem Vormarsch nach Nordafghanistan stießen die Taliban auf den heftigen Widerstand der Vereinigten Front zur Rettung Afghanistans. Dies ist die aus verschiedenen nationalen Minderheiten gebildete Nordallianz von Mudjahedin-Gruppierungen unter dem militärischen Oberkommando von Ahmed Schah Massud und der politischen Führung von Burhanuddin Rabbani.. Der anhaltende Bürgerkrieg, in dem es immer wieder zu blutigen Übergriffen auf die Zivilbevölkerung und zu neuen Flüchtlingsströmen kam, führte zu einer starken Zerstörung und wirtschaftlichen Lähmung Afghanistans, das zum weltgrößten Heroinproduzenten aufstieg und sich zu einem Transitland des Drogenschmuggels entwickelte. Führende Mitglieder der CIA, einschließlich ihres Direktors William Casey, betrachteten einen Krieg jedoch bald nicht nur als Möglichkeit zum Kampf gegen den Kommunismus im Allgemeinen. Es bot sich Gelegenheit, die Scharte des zuvor verlorenen Vietnamkriegs in Afghanistan auszuwetzen. Die Rolle der CIA lag sowohl in der Bereitstellung von Waffen als auch in der Unterstützung Pakistans durch Geheimdienstinformationen wie Satellitenaufnahmen und abgehörte Funksprüche der Sowjetischen Armee. Dabei darf man nicht vergessen, dass die Amerikaner islamische Länder kontaktierten und sie darum baten, ihre Fundamentalisten nach Afghanistan zu schicken. So kam Osama bin Laden aus Saudi-Arabien nach Afghanistan. Die finanziellen Beiträge zum Krieg kamen etwa zur Hälfte von den USA und zur Hälfte von

Saudi-Arabien. Sie beliefen sich auf mehrere hundert Millionen Dollar pro Jahr. Die Waffen stammten aus China, Ägypten, Israel, den USA, Großbritannien und weiteren Staaten. Sie wurden von der CIA nach Pakistan geliefert, von wo die ISI sie an die Stützpunkte der Mudschahedin-Führer verteilte.

Das Verhalten dieser militanten Fundamentalisten hat mit der islamischen Glaubenslehre absolut nichts zu tun. So werden junge Männer von älteren dazu gebracht, aus sich Bomben zu machen, die andere mit in den Tod reißen. Diese älteren Herrschaften haben nur eines vor den Augen, nämlich ihre politische Macht und sie erzählen den jüngeren etwas völlig falsches. Wenn sie sich opfern für die islamische Glaubenslehre, kommen sie direkt ins Paradies. Dieser Sachverhalt ist die reinste Lüge, denn islamisch-koranisch manifestiert heißt es: ***„Deshalb haben wir den Kindern Israels verordnet, dass, wenn jemand einen Menschen tötet, ohne dass dieser einen Mord begangen hätte, oder ohne dass ein Unheil im Lande geschehen wäre, es sein soll, als hätte der die ganze Menschheit getötet; und wenn jemand einem Menschen das Leben erhält, es so sein soll, als hätte er der ganzen Menschheit das Leben erhalten...“*** (Sure 5, 32).Das ist die wahre islamische Glaubenslehre. Diese militanten Fundamentalisten sind alles andere als Muslime. Entweder handeln sie aus Unwissenheit, was islamisch absolut unkorrekt wäre, denn gerade in der islamischen Glaubenslehre hat der Allmächtige einen Analphabeten (der Prophet Mohammed) auserwählt und befahl ihm, zu lesen. Dieser oben erwähnte Vers macht das Leben des Menschen unantastbar. So gesehen missbrauchen die Menschen die Botschaften des Schöpfers. Trotzdem gibt Gott uns allen seine Gaben. Seine

Barmherzigkeit und seine Liebe sind fast so groß wie seine gesamte Macht.

Das Problem vieler Muslime in der heutigen Zeit ist, dass man aus dem Schöpfer unbewusst einen Sklaven macht. Der Prophet Mohammed sagte: „Binde dein Kamel, bevor du mit Gott rechnest!“ Das heißt: „Mensch, tu das Deinige, dann rechne erst mit Gott!“ Genau dies geschieht nicht, denn man überlässt alles dem Schöpfer. Außerdem hat man Gott in seiner Arbeit zu berücksichtigen und genau das wird nicht gemacht. Deshalb gelten viele islamische Länder als „unterentwickelt“. Statt Gott bei der Arbeit zu berücksichtigen, versucht man, möglichst viel an Bestechungsgeldern zu erhalten. Man lebt heute leider Gottes unter der Würde der eigenen Glaubenslehre.

Literatur:

Achenbach, Rüdiger / Kriege, Hartmut: Die Päpste und die Macht, Düsseldorf 2006.

Jan Assmann: (c) Bibliographisches Institut & F. A. Brockhaus AG, 2005.

Beltz, Walter: Gott und die Götter –Biblische Mythologie, Berlin; Weimar 1988.

Bibliographisches Institut & F.A. Brockhaus AG, 2003.

Der Koran: übersetzt, kommentiert und eingeleitet von Rudi Paret, Directmedia Berlin 2001, Digitalbibliothek Band 46

Der Korankommentar: von Ismael Ben Kuthair, Hrsg: Die Al-Azhar-Jugend, Kairo 1980 (in arabischer Sprache)

Die Bedeutung des Korans: Bd. 1-5, München 1996.

Fohrer, G.: Geschichte der israelitischen Religion, Berlin I969.

Ginaidi, Ahmed: Jesus Christus und Maria aus koranisch-islamischer Perspektive, Stuttgart 2002.

Heiler, Friedrich: Die Religionen der Menschheit, Stuttgart 1982.

Hourani, Albert: Die Geschichte der arabischen Völker, Frankfurt am Main 2000.

Hunke, Sigrid: Allahs Sonne über dem Abendland, Stuttgart 1987.

Jockel, Rudolf: Die großen Mythen der Menschheit – Götter und Dämonen, Augsburg 1990.

Keel, O. (Hrsg.): Monotheismus im alten Israel und seiner Umwelt, Fribourg 1980.

Khoury, Adel Theodor: Der Islam und die westliche Welt, Darmstadt 2001

Korankommentar: von Al Muntachab, vom Gremium des Korans und der Sunna, Kairo 1979

Küng, Hans: Das Christentum, München 1994.

Küng, Hans: Das Christentum und Weltreligionen, München 1984.

Küng, Hans: Das Judentum, München 1991.

Lang, Bernhard (Hrsg.): Der einzige Gott. Die Geburt des biblischen Monotheismus, München 1981.

Luther-Bibel 1912: Digitale Bibliothek Band 29

Hans J. Nissen/Jan Assmann: Bibliographisches Institut & F. A. Brockhaus AG, 2005).

Paret, Rudi: Der Koran, Kommentar und Konkordanz, Stuttgart 1981

Paret, Rudi: Der Koran, Übersetzung von Rudi Paret, Stuttgart 1980

Schwarzenau, Paul: Der Größere Gott, Stuttgart 1977.

Smith, Morton: Palestinian Parties and Politics That Shaped the Old Testament, New York 1971.

Stubenrauch, Bertram: Dreifaltigkeit, Regensburg 2002.

Edition Noëma
Melchiorstr. 15
D-70439 Stuttgart

info@edition-noema.de

www.edition-noema.de
www.autorenbetreuung.de

Zeitfracht Medien GmbH
Ferdinand-Jühlke-Straße 7
99095 Erfurt, Deutschland
produktsicherheit@kolibri360.de